今、この子は何を感じている？

0歳児の育ちを支える視点

監修／無藤 隆　編著／宮里 暁美　大方 美香

著／上垣内 伸子　寺田 清美　石丸 るみ　梶 美保　細井 香　野尻 裕子
　　本田 由衣　浅川 茂実　矢野 景子　八代 陽子　山梨 有子

ひかりのくに

はじめに

　乳児保育という分野は保育所保育の基盤部分をつくり、幼児期の保育へと発展していく最初に位置するところです。それは保育としての基本を意味しますが、同時に、乳児期という独自の時期の特徴をふまえたものでもあるのです。この書籍では以下のことを目指して執筆されました。

乳児保育を理解する上で大切なこと

❶ 近年の発達科学（心理学、脳神経科学）の著しい発展をふまえること

❷ 乳児保育の実践を捉え、発展させること
（日本の乳児保育は国際的にも高い水準にあります）

乳児保育の実践を学ぶために考慮すべきこと

❶ 今後の生涯にわたる成長の基盤としての乳児期の大切さを理解すること

❷ 人としての基本を備え、伸ばしていく時期として、全般的な発達を支え、援助すること

❸ 子ども一人ひとりの月齢や気質、家庭での育ちなどによる違いを配慮すること

❹ 子どもの発達はしぜんに展開するのではなく、人やものとの関わりの中で成長すること

❺ 保育者の関わりは温かさと応答性が核であること

❻ ものとしての環境が豊かで、その時期に合ったものであること

❼ 次第に他の子どもへの関心が芽生えるので、その機会を用意すること

乳児保育の実践を学ぶために必要な要件

❶ 乳児の様子や保育の実態を、写真などで分かるようにしていくこと

❷ 保育の要点を、保育者がどう関わるか、どういう環境設定が望ましいか
　ということとして述べること

❸ 子どもの特徴や、その都度の動きに応じた丁寧な保育の仕方へと導くこと

❹ 保育とは専門職として保育士が行なうものであり、援助のための指導計画や保育の見直し、
　記録など、より良い保育へと進めていく過程が肝心であること（それを示していること）

❺ 日本のトップランクの保育の在り方が紹介され、そこに学べるようにすること

　この書籍の背景には、実は、日本乳幼児教育・保育者養成学会の乳児保育部会での何年にもわたる活動があります。執筆者の方々はその中心メンバーです。実践経験をもち、研究として実践を可視化し、更に保育所保育指針に精通している方々です。多くの保育所の施策にも関わりがある方々でもあります。

　本書を通して、学生の皆さんは「乳児保育」の授業での学習を実りのあるものにできるでしょう。現場の保育者の皆さんは今行なっている実践を更に高めていくためのヒントが得られます。多くの方々に本書が届くことを願っています。

監修／無藤 隆

白梅学園大学名誉教授。日本乳幼児教育・保育者養成学会理事長。国立教育政策研究所上席フェロー。保育学を専攻。幼稚園教育要領等の改訂に携わった。

CONTENTS

（上垣内伸子、寺田清美、石丸るみ）

著者紹介

日本乳幼児教育・保育者養成学会　乳児保育部会

宮里 暁美（みやさと あけみ）
お茶の水女子大学

お茶の水女子大学アカデミック・プロダクション寄附講座教授。幼稚園教諭、大学教授を経て、2016年より5年間、文京区立お茶の水女子大学こども園園長として乳幼児教育の実際に関わる。子どもたちの「やりたい！」が発揮される0歳児からの保育の展開を実践している。

大方 美香（おおがた みか）
大阪総合保育大学

大阪総合保育大学大学院教授、学部長を経て学長、博士（教育学）。専門分野は保育学・幼児教育学・乳児保育カリキュラム。厚生労働省社会保障審議会児童部会保育専門委員会委員、文部科学省中央教育審議会委員等歴任。自宅を開放して地域の子育てサロンぶらんこを主催。

上垣内 伸子（かみがいち のぶこ）
十文字学園女子大学

寺田 清美（てらだ きよみ）
東京成徳短期大学

石丸 るみ（いしまる るみ）
大阪総合保育大学

梶 美保（かじ みほ）
ゆめがおか助産院

細井 香（ほそい かおり）
東京家政大学

野尻 裕子（のじり ゆうこ）
道灌山学園保育福祉専門学校

本田 由衣（ほんだ よしえ）
武蔵野短期大学

浅川 茂実（あさかわ しげみ）
群馬医療福祉大学

矢野 景子（やの けいこ）
十文字学園女子大学

八代 陽子（やしろ ようこ）
和泉短期大学

山梨 有子（やまなし ゆうこ）
彰栄保育福祉専門学校

協力／**文京区立お茶の水女子大学こども園**

1

0歳児保育の視点

執筆／宮里暁美（お茶の水女子大学）

　幼児教育の原点にあるのが0歳児保育だと考えます。遠くの音に耳を澄まし、光のキラメキに目を凝らしている0歳児といると、体全体で「今」を生きている、ということに圧倒されます。保育の営みを「自ら育つものを育たせようとする」1）と倉橋惣三は言います。0歳児と過ごしていると、この言葉がぴったりだと思われます。昨日より今日、そして明日へと、伸びていく姿にふれ、圧倒される思いがします。能動性を発揮して過ごしている子どもたちの姿は輝いて見えます。

　0歳児保育で大切にしたいことについて考えてみたいと思います。

引用文献：1）『育ての心』（倉橋惣三／著　刀江書院　1936年）

生命的応答ということ

　津守真は「生命的応答」という言葉をあげて保育者の関わりについて述べています。次のような内容です。

　「子どもの自然な動きに参与して、おとなもまた、ほとんど無意識のうちに自然に応答する。そのときの活動は、子どもにとって価値のある活動である。自然に推移するこの多様な活動には、ことばで記述できないものが多く、そのときのおとなの行為もまた多様である。生命的応答と私が名づけるものは、この多様な行為のことである。保育の実践において、生命的応答は大きな部分をなしている。子どもの世界は、生命的応答の積み重ねの中にあらわれる。」2)

　応答に生命的がつくことで、応答する保育者の側に主体が生まれたように思います。「子どもの自然な動きに参与して、おとなもまた、ほとんど無意識のうちに自然に応答する」時、保育者もまたその場で生きる存在となります。その場で生き、感じ、笑う存在としての保育者であること。そこで生きている存在であることが、保育者に求められているのだと考えます。

　0歳児の保育室内には穏やかなにぎわいがあります。「〇〇ね」「あったね」などと、子どもの動きを受け止めながら発する保育者の声が響く時、保育室の中に優しい彩りが加わるように思います。ここで大事なことは、「子どもの動きを受け止めて発している」ということです。子どもの動きを保育者が先導するのではなく、受け止めて発するという関わりが、大切だと考えます。

引用文献：2)『子どもの世界をどうみるか』（津守 真／著　NHK出版　1987年）

子どもたちへの
まなざしに込める思い

　0歳児保育には、独特の雰囲気があるように思います。赤ちゃんの小さな動きも見逃さないでいようとする意識や、まだ体の動きにたどたどしさがある中で、少しのことでバランスを崩したりしないように、いつでもパッと支えられるような位置に身を置くなど、一瞬たりとも気を抜いていない感じがします。

　子どもたちへのまなざしには、「安心や安全を保つ」ということへの思いが込められています。「安心・安全」を保つために保育者は多くのことに心を配ります。家具がぐらぐらしていないか、遊具は清潔が保たれ破損部分はないか、子どもたちの動きを想定して危険な箇所はないかなど、チェックする大切なポイントはいくつもあります。確実に確認し安全を保つことに心を配りますが、加えて必要なのが保育者の笑顔です。

　「おはよう！」と迎え、「今日も楽しく遊ぼうね」とにっこり笑いかける。穏やかで優しく、暖かな笑顔があって、安心な環境ができあがっていくのだと思います。笑顔は、人から人へ伝わっていきます。初めての園生活に緊張気味で硬い表情だった保護者も、保育者が笑顔で声をかけるうちに、緊張が解けていきます。保護者の緊張が解けると子どもたちもリラックスします。うれしい波長が伝播していくと考えます。

「感じる」を
大切にする生活

　園庭の向こうに道路があり車が通り過ぎると音がします。救急車が通り過ぎるとサイレンの音がします。遠くから聞こえる音に「あれ？」という顔を見せる子どもたちです。

　散歩車に乗って散歩に出かけた時のこと、上の方から鳥の声が聞こえてきました。鳥たちの声が聞こえる木の前で車を止めると、みんなが木をじーっと見ていました。特別な声かけをしなくても、「おや？」と思うことがあるとすごい集中力を示す子どもたちです。

　夏、水遊びを楽しんでいた時のこと、冷たい水が入っているタライとぬるま湯の入っているタライの二つを隣り合わせで置きました。さっそく一つのタライに手を伸ばして「バシャバシャ」と楽しんでいましたが、もう一つのタライに手を入れて「あれ？」という顔をしていました。違いを感じていたのかもしれません。

　砂場の砂に手を伸ばしたり、草むらの草を引きちぎったり、手を使って遊ぶ子どもたちの動きを大事に支える中で大切にしているのは「感じる」体験です。体全体でそのものを味わい、多様な感覚を通して感じる体験を大切に積み重ねていきたいと考えます。

一人ひとりの「今」から
保育を始める

　乳児保育の基本にあるのが一人ひとりに応じるということです。一人ひとり違う姿を見せている子どもたちに応じて関わっていくことがとても大切です。「この時期だからこのような姿に」という発想ではなく、「この子の今がこのような状態だから、こんなことを大事に」と考えます。

　ミルクの飲み方、食事の示し方、寝付き方、着替えの仕方などの生活の面でも、それぞれに違う姿があります。「そうしたいのね」「こうするといいのね」などと、その子のしたいこと、好きなことを理解しようとする姿勢をもち、応答していくことがとても大切になります。

　保育室内での遊び方もそれぞれです。棚にあるどのおもちゃに手を伸ばすのか、それを手にしてどんなことを始めるのか、ということも一人ひとり違います。そこにその子の「今」があります。一人ひとりの「今」から保育を始めるためには、それぞれの在り方やアプローチを理解すること、そのために「何が好きなのかな？」「何をしようとしているのかな？」という視点で子どもの様子をよく見ていくことが必要になります。

　下の写真は何をしていると思いますか？音を感じている子どもの姿なのです。石を持って金網のところに行くので「おや？」と思って見ていたら「ガガガ」という音を味わっていることが分かって、感心した保育者が教えてくれた姿でした。「音」を楽しむ姿に気付き大切にする関わりの中で、存分に音を味わうことができたのでした。

多様な「やりたい！」の
重なり合いを大切に

　子どもたちは、この場所は大丈夫な場所！ということを感じると、自分から動きだすようになっていきます。「行きたい」「入りたい」「登りたい」「触りたい」「持ちたい」など、たくさんの「〜したい」という動きを出してきます。それを受け止め支えていくことがとても大切だと考えます。

　乳幼児期の教育は「環境による教育」です。身近にある環境に子どもたちが自ら働きかけ、様々に感じ取り遊ぶ生活、その中で子どもたちは育っていきます。子どもたちは一人ひとり違っています。すぐに動きだす子もいれば、じっと様子を見ている時間が長い子もいます。それぞれの動きを待ち、受け止め支える関わりを丹念に重ねていくことが大切です。

　保育室の中には、多様な「やりたい！」が広がっています。それが、豊さだと考えます。ハイハイで動き回っている子もいれば、つかまり立ちをしている子もいて、互いの姿に気付くような姿も見られます。「やりたい！」と「やりたい！」が重なって広がる、ということもあるのです。複数の子どもたちが過ごす園生活だからこそ見られるようになった姿だと思います。

　下の写真は、車がカタカタと下りてくるおもちゃで遊んでいると、その様子を見て別の子が近づいてきたところです。誰かの遊ぶ様子が「なんだろう？」「やってみたい！」のきっかけになっていきます。子どもたちが緩やかに関わり合う保育、大切にしたいと思います。

2

0歳児保育の記録

執筆／大方美香（大阪総合保育大学）

　子育てや子どもが育つ環境は、一人親家庭の増加、子どもの貧困、子どもの虐待、ネグレクトなど、くつろいだ養護的環境や安心・安全な環境の保障が難しい場面が増えてきました。また、親が子どもを愛せないなど、どうやって子どもを育てたら良いのかが分からないといった保護者もおられます。このような子育て力の低下は大きな問題ですが、専門性をもった保育者が、乳児保育を通じて家庭や地域を支えることが重要です。すべての子どもが社会の一員として人に愛され、守られ、人につながることが求められています。そしてそこには、人だけではない「もの」との出会いがあります。乳児保育は、個別性が求められ、子どもが「育つ」経過を記録しながら、保育者が一人ひとりの発達に必要なもの環境を構成し、子ども理解に基づき、見通しをもって関わることが大切です。その中でも特に、0歳児保育の中で大切にしている記録についてポイントを整理します。

「ヒトから人へ」
子どもを尊敬するということ

　乳児期は、「ヒトから人」になっていく時期です。乳児は生まれながらにして自ら生きようとする力があり、その力を使いながら生活していきます。乳児の生活の主体は乳児自身です。大人にとっては当たり前の日常生活である一日の生活、一週間の生活、一か月の生活、時期による生活、一年間の生活を活動しながらリズミカルに組み立てながら生きています。乳児期は大人の生活にいきなり適応できるわけではありません。その生活は、乳児が人として必要な生活に適応して生きていけるように、大人が寄り添い、応答しながら徐々に依存から自立に向かっていく過程といえます。

　乳児期の育ちの過程は、人と関わる「関係性の育ち」と物事を知る「認識性の育ち」、更には「もの」と「関わる、知る」という2つの世界の主体である「わたし」という「自己形成」から考えることができます。これらは、単独ではなく、「関わりながら知る、わたし(自己形成)」というように「自己」-「人」-「もの」が相互に関連し合いながら育つことから、子どもの育ちは全体として捉えることが大切です。乳児保育は、この育ちの道筋を理解し、一人ひとりに今どのようなものや環境が必要かを試行錯誤するものです。特に、保育所における子どもは、一人の人としてその存在を受け入れられること(養護的側面)を基盤として、ものや環境と関わりながら「気付き、試し、工夫し、また気付き…」この繰り返しから育っていきます。

　このすてきな子どもの気付きを記録することは、保育者の専門性にとって何よりも大切だと思うようになりました。記録はただ書くことではありません。この本を読んでくださっている皆さんはどうですか?まず大人が子どものすてきさに「気付くこと」。そこから始めることをお勧めします。

子どもに寄り添い、見えてくるもの

　保育所保育指針には「保育の計画や保育の記録を通して、自らの保育実践を振り返り」と記載されています。日々の記録から子どもの活動や人との関わりに視点を置いて記録し、その事実に基づいた子どもの育ちの把握から明日の保育実践、すなわち計画につなげることが専門家として必要です。また、乳児保育の記録は、保育や子どもの育ち、遊び（活動）を可視化することが大切といえます。様々な方法がありますが、こうでなければといったことではありません。あれもこれもとたくさん書くことでもありません。むしろ、「何を」見える化（可視化）するのか、「どのように」見える化（可視化）するのか、「何のために」見える化（可視化）するのか、保育の「質の向上のため」の見える化（可視化）などを考える必要があるでしょう。記録を通じて、保育者は、計画とそれに基づく実践を振り返り、自己評価を行ないます。一人ひとりの子どもにとって、「これでよかったのかな？ もっとこうすればよかったかな？」と振り返り、子どもの姿から気付こうとすることが大切です。

　また、乳児保育の記録は「子育て支援」としての役割も大きく、保護者へのメッセージ性もあります。保育や子どもの育ち、遊び（活動）をいかに可視化していくかが大切です。

① 「何を」見える化（可視化）するか

- 具体的な活動の様子（保護者に向けて）
- 保育の展開や流れ ― 初期段階からの変化の過程
- 子どもの様子 ― 子どもがしていること、子どもの学び・気付き、子どもの育ちなど
- 保育環境 ― 環境構成の現状、環境構成の課題、環境構成の工夫、環境構成のもつ意味など
- 保育者の様子 ― 保育者の立ち位置、子どもとの距離感など

② 「どのように」見える化（可視化）するか

- 写真を使う
- ドキュメンテーション、ポートフォリオを使う
- ウェブを使う
- 付箋、模造紙を使う
- 環境図を使う ━ マップ型記録、保育マップ
- 特定の記録用紙を使う

③ 「何のために」見える化（可視化）するか

- 保護者に伝えるため
- 自分たちの保育を振り返るため
- 次の見通しを考えるため、保育の構想のため
- 保育の考え方の共有化・共通理解のため
- 保育環境の工夫・改善のサイクルに活かすため

④ 保育の「質の向上のため」の見える化（可視化）

- 子どもの姿・育ちを読み取り、意味付ける ➡ 子ども理解を広げる・深める
- 保育環境を読み取り、意味付ける ➡ 保育環境の教材や場としての特性の理解
- 保育者の関わり（援助・ことばがけ）を意味付ける ➡ 援助・配慮の質の向上
- 保育の営みを捉え直す ➡ 当たり前を見直す
- 保育環境の改善のサイクルに活かす
    - ➡ 子どもの動線をふまえた「もの」と場の配置を見直す
- 教材研究 ➡ 遊びや活動の構想力の向上
- ５領域や10の姿 ➡ 文章の実践的な理解

「今、何が育ちつつあるのか」に
気付こうとすること

　記録は、乳児保育の指導計画作成における「子ども理解」の基礎資料となります。この基礎資料をもとに一人ひとりの子どもの保育の過程の記録が作成され、その先に指導計画があります。日々の保育記録から保育の過程の記録へ、更に「子ども理解」から指導計画につなげるためには、記録を書く時から意識して子どもの育ちを捉えることが重要です。次の①〜⑤のことに留意して記録しましょう。

① 心にふれた出来事を記録する

　保育記録の形式は多様です。こうでなければということはありません。乳児の場合は個人記録です。大切なことは、遊びを通して「今、何が育ちつつあるのか」に気付こうとする保育者のまなざしです。よく見るとハッとさせられることがあります。まずは、その心にふれた出来事をできるだけありのままに記録するようにしましょう。そして、「なぜ子どもはその行為をしたのか」「何を試そうとしていたのか」などを考えながら、子どもの世界をあたたかいまなざしをもって見つめてください。

② 継続的に見て変化を記録する

　子どもの生活は日々変化し、子どもは生活を通して育ち、変容していきます。こうした育ちの変化や変容を捉えるには、保育者の心にふれた子どもの遊び（活動）を継続的に追っていくことが必要です。たとえば、その子どもの表情やしぐさ、言葉や行動、保育者としてどう関わったかを継続的に記録します。その記録を通して、子どもが何に気付き、何をしようとしたのか、何ができるようになったのか、何を学んでいるのかなど、葛藤やこだわりも見えてきます。

③ 子ども同士の関わりを記録する

周りの子どもとの関わりの中で子どもの姿を追っていくことも必要です。たとえば、一人で積み木遊びをしている場面でも、周りの子どもとの関わりも視野に入れるということです。「一人で遊んでいた」という事実が、「繰り返し夢中になって遊んでいた」のか「時々、周りの子どもの様子を見ていた」のか、「保育者の応答性によってやろうとしたのか」などにより、その子どもにとっての積み木遊びの意味が異なってくるでしょう。

④ 保育者との関わりを書く

保育の過程を捉えるためには、保育者との関わりをできるだけ客観視して記録します。子どもがある活動を展開した際に、保育者が応答したのか、仲立ちとなったのか、一緒になって活動したのか、全く関わらなかったのかなどによって活動の意味が異なるからです。その時には気付かなくても、振り返ってみたら、保育者の関わりや言動が活動の契機になっていることもあります。

⑤ 子ども一人ひとりにとっての活動の意味を理解して記録する

発達の理解を深めるためには、記録をとる際、子ども一人ひとりにとっての活動の意味を理解して書くことも大切です。同じ活動であっても、参加している子ども一人ひとりが同じ経験をしているとは限らないからです。

保育の記録では、ねらいに沿った記録も必要ですが、子どもの予想外な活動の記録も必要です。また、同じ活動を楽しんでいても、楽しみ方が異なるのであれば、それぞれの楽しみ方から、その子どもにとっての活動の意味を理解することが必要といえます。一人ひとりの活動の姿を捉えながら、その子どもが実現したいことはどのようなことなのかを推測しながら活動を理解し、計画につなげていきます。

個別の計画である必要性
すてきな世界がいっぱい！

　乳児保育は、一人ひとりの生活から振り返り、記録していくことですてきな世界に気付くことができます。一人ひとりの子どもが何に興味をもっているのか、何に気付きおもしろがっているのか。何を試そうとしているのか。子どもの育ちは、逡巡したり、葛藤したり、乗り越えたりしながら、繰り返しの連続性の中で育っていきます。この過程が記録として大切です。保育所保育指針にも「3歳未満児については、一人一人の子どもの生育歴、心身の発達、活動の実態等に即して、個別的な計画を作成すること」（下線は筆者）と記載されていますが、同じクラスであっても個別の計画である必要性があります。参加している子ども一人ひとりが同じ経験をしているとは限らないからです。

　次に、その遊びの中で何を経験しているのかという内面性を観察し、読み取りながら記録しましょう。単に何をしていたかではなく、一人ひとりの子どもの遊びの中での経験、すなわち内面的な行為を可視化してみましょう。こんなことを学んでいたのだと気付かされることがいっぱいです。保育所保育指針にある「資質・能力」の3つの柱は、このような遊び（活動）の中で経験してきたことを積み重ね、一人ひとりの子どもに何が育ったのか、子どもの中で育つ力を示したものです。「資質・能力」という考え方は、日々の保育における育ちの目安となり、また、カリキュラム編成においても今は何を育てる時期か、クラスとして、一人ひとりとして考える目安になります。また、記録しながら振り返ることで何が「今、育ちつつあるのか」を確認することができます。

　保育は、子どもがものや環境に関わり、その時々に保育者が援助（環境構成含む）していくことです。子どもの思いに気付いたならば、タイミング良く必要な援助ができるでしょう。特に、今、どのようなものに出会えば良いかという判断が保育の専門性として求められます。「子どもが気付いたり、できるようになる→また試したり、工夫したり考えたりする→意欲をもって更に粘り強く取り組む」にはどうすれば良いかを考えることが必要なのです。記録では、まず事実として今何が起こっているのかを丁寧に見取り、後で振り返ることができるように分かりやすく記載しておきましょう。

この本に込めた思い

　0歳児保育の中で大切にしたいことについて考えてきました。「安心」を連れてくる保育者の笑顔、一人ひとりに応じる関わりの大切さ、生命的応答など、大切にしたいポイントを押さえた上で、日々の保育が積み重なっていきます。

　子どもたちと保育者がともに過ごしながら展開していく保育は輝きを放っています。一人ひとりに応じたプランのもと、応答的な関わりを重ねる中で日々紡ぎ出されていくもの、それが保育です。一日として同じ日はなく、一つとして同じ保育はない。「今、ここで生まれてくるもの」それが、保育なのです。

　今回、保護者との往復書簡として毎月1枚作成されたポートフォリオを活用して、3人の子どもの1年間を振り返ることができました。第2章で紹介している写真と記録から浮かび上がってくる「その時のその子の心もち」に思いを馳せながら、子どもが育つとはどういうことなのか、を考えてみましょう。

　この本の作成に際しては、文京区立お茶の水女子大学こども園の保護者の皆様や子どもたち、担当する保育者のご理解とご協力がありました。心より感謝いたします。

宮里暁美

1章 乳児保育の「3つの視点」

「3つの視点」の つながりの中で育つ

執筆／上垣内伸子（十文字学園女子大学）

　赤ちゃんは周りをよく見て考えている、いつも心が動いている——これは、乳児保育に携わる誰もが共通して実感していることでしょう。だからこそ、0歳からの一貫した質の高い乳幼児期の教育・保育が求められているのです。そのため、「学びの芽生えを育む」ことを目指して、3歳未満児の保育の意義を示し保育内容の充実を図っているのが、現在の保育所保育指針と幼保連携型認定こども園教育・保育要領の特徴です。

　3歳未満児の保育内容のうち、1歳以上3歳未満児の教育に関わるねらい及び内容は、発達の特性をふまえ、3歳以上児の保育と同じように「健康」「人間関係」「環境」「言葉」「表現」の5領域に整理して示されていますが、0歳の乳児期はまだ発達が未分化なので、保育所保育指針には、生活や遊びが充実することを通して子どもたちの身体的・社会的・精神的発達の基盤を培うという考え方に基づき、「健やかに伸び伸びと育つ」「身近な人と気持ちが通じ合う」「身近なものと関わり感性が育つ」という3つの視点からまとめられています。

　この［自己］－［人］－［もの］がつくる三角形の中で、乳児は人と関わり、ものと関わりながら育っていくのです。したがって、「乳児保育の3つの視点」をそれぞれに捉えるのではなく、この3つがつくる強いつながりの中で育っていくという視点をもって捉えることが大切です。

0歳児の保育内容の記載のイメージ

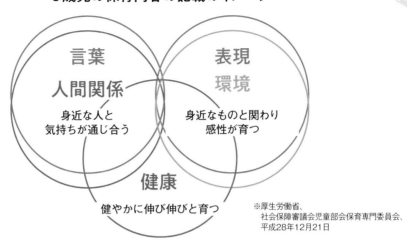

言葉
人間関係
身近な人と
気持ちが通じ合う

表現
環境
身近なものと関わり
感性が育つ

健康
健やかに伸び伸びと育つ

※厚生労働省、
　社会保障審議会児童部会保育専門委員会、
　平成28年12月21日

　［自己］－［人］－［もの］がつくる三角形を見てみましょう。ここでいう［人］とは温かく見守り関わる大人だけでなく、ともに育つ仲間も指し示します。乳児にとっても仲間の存在は大きい意味をもっています。また、［もの］とは、身近な生活用具や玩具だけを示しているのではなく、もっと広く子どもを取り巻く［もの］を指しています。草花や虫、小動物などの生き物や雨や風、日光などの自然現象も含む全ての環境を指し示しています。このような様々な［もの］との出会いは保育者の配慮ある環境構成や関わりによって生み出されるものであり、仲間とともに体験することで、更に深い意味をもつ出会いとなり、自己の充実がなされていきます。

　安心感をもち心地良さを感じる中で、子どもの心と身体は健やかに育ち、自らが能動性を発揮して自信をもって周りに働きかけていきます。そして様々なものや出来事と出会って驚いたり不思議に思ったり、時にはドキドキしたり。その度にこうした思いを周りに伝えたり、分かち合ったり、共感してもらったりと、人との気持ちの交流も生まれます。人生の始まりの時期からの生きる喜びに満ちた生活がここにあるといえるでしょう。まさに、［自己］－［人］－［もの］の揺るぎないつながりの中で、一人ひとりが自分らしさを発揮して仲間とともに育つ集団生活の場が乳児保育なのです。

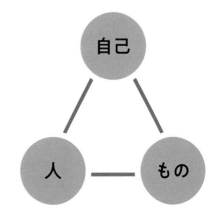

自己

人　　もの

健やかに 伸び伸びと育つ

執筆／寺田清美（東京成徳短期大学）

健やかな育ちと [自己]−[人]−[もの]との関係

　胎児は母親の体内で育ちその生命が外界に出た時から、一人の人間として生きていくことを余儀なくされています。自分の力で肺呼吸をし、おっぱいに吸い付きます。そして眠くなったらスーッと寝つきます。この繰り返しの中で次第に生きていくための力を備えていきます。

　身体的発達に関する視点の「健やかに伸び伸びと育つ」こととは、人として健康で安全な生活を育んでいけるように、大人がどのように支え見守るかということから始まります。

　「自ら感じ考え主体的に環境に関われるか」、この大きなテーマは、P.22-23で前述があるように、[自己]−[人]−[もの]がつくる3つの関係の中で、乳児は人と関わり、ものと関わりながら健やかに育っていくのです。つまり、「乳児保育の3つの視点」を別々に捉えるのではなく、この3つがつくる強いつながりの中で重なり合いながら、一人の個性ある魅力的な人間として育っていくという視点をもち、愛情豊かに接することが大切です。

身体の発達と
心の発達の相互作用

　ヒトの赤ちゃんは「生理的早産」であると言うスイスの生物学者ポルトマン*の説があります。新生児は、自ら乳を飲むために移動する、サルの赤ちゃんと同じことはできません。人の新生児は他の哺乳類より著しく脳が重いため、他の哺乳類と同じ完成度に育って出生することができず、約1年早く未熟な状態で生まれるとポルトマンは述べています。

　このように未熟な状態で生まれた乳児には、周囲の大人を動かす能動的な力があります。例としては、ほほえみや泣き声があります。乳児の笑みには大人をひき付ける魅力があります。大人は思わず乳児の笑みを見てほほえみ、そのほほえみを見て乳児が「ウー」や「クー」などの喃語を伴いながらほほえむという相互作用が生まれていきます。

　つまり、この時期の乳児は最初、自身と他界の区別についての意識が混沌としている状態の中で、身近な環境との関わりを通して身体感覚を獲得していきます。思わず手を伸ばした先に清潔で柔らかなタオルの感触を感じたり、優しい大人のほほえみがあり、抱き上げられ「気持ち良いのね」などと声をかけられたりする中で、心身両方の快適さを感じ満足感を得ていきます。身体の諸感覚が育つ中で、乳児が自分の働きかけを通して心地良い環境を味わう経験を積み重ねてほしいものです。

　乳児の泣き声も、他者の行動を動かす大きな力をもっています。新生児の切なそうな泣き声にはすぐにそばに行き、お世話をしなければという気持ちにさせる力があります。「おなかすいたの?」と声をかけられ、排泄をしたのか、眠いのか、暑いのか、体調が悪いのかなどと、大人は乳児の「泣く」という姿(メッセージ)に丁寧に応答しようと行動します。

　このように、乳児は思いを受け止められることにより、ほほえんだり、泣いたり、身体を動かそうとしたり、触れたり、関わってみたいという興味や関心が広がり、探索への意欲を高めていきます。そして1歳になる頃には、一語文でありますが初語が出始め、言葉によるコミュニケーションをとることもできるようになります。

　乳児は、大人が発する愛情豊かなメッセージを肯定的に受け止め、それによって生じる身体の発達と心の発達の相互作用を楽しんで行なうことによって、生きる意欲や人への基本的信頼、そして自己肯定感が育まれていきます。

※アドルフ・ポルトマン(1897-1982) スイス出身の生物学者。元バーゼル大学学長。

伸び伸びとはう・歩く
～ハイハイから立つまで～

　6か月頃の乳児は、あおむけから全体を左右に向ける姿勢をとり、次第に寝返りをうつように
なります。腹ばいになると、両腕は斜めの位置で両手を開いて体を支えます。この時、両足
を触れ合わせて屈伸します。やがて胸で体を支え、両手両足を上げ、飛行機のような姿勢（グラ
イダーポーズ）をとるようになります。

　そして次第に腕と足の動きを協調させ、腹部を床につけた状態で前進するようになるのが、
ずりばいです。その頃から速度も増し、自分の意志で目的に向かう移動が始まります。腕や足
に力がつくと、手を伸ばした状態で手のひらと膝を床につき、上半身を支えて移動する四つん
ばいへと進みます。その後高ばいに移行します。高ばいは手のひらと足の裏を使う交互前進です。

　ハイハイは四肢の協調を伴う移動であり、手足を上げる動作は瞬間的に不安定な姿勢となり
ます。その際、全身の筋肉を協応させ平衡を保つ力を培います。それは、直立歩行の際に不可
欠となる平衡感覚を培うものです。また、ハイハイで自由に移動することが可能になることは、
空間認知にも影響を及ぼすといわれていますが、このように、はう・立つ・歩くなど、思い通り
に体を動かせるようになると自信がつき、「先生見ててよ」という表情で承認欲求も出てきます。
「随分前に進めるね」「力がついてきたね」などと認めて励ましたいものです。

　誕生から1年で首がすわり、寝返り、ハイ
ハイ、やがて自立歩行にまで成長します。1
歳になると身長が出生時（約50cm）の約1.5倍
（約75cm）、体重が出生時（約3,000グラム）の約
3倍（約9,000グラム）、脳の重量は出生時の2倍
（約800グラム）になります。

　しかし、個人差が大きいことから個々の興
味や関心に沿った保育室の環境を整え、乳児
が思い切り体を動かすことのできる空間の確
保をしたいものです。

授乳・離乳・様々な食品に慣れ、食べることを楽しむ

　授乳は乳児と大人（保育者）にとって、大事なコミュニケーションといえます。乳児は乳首を舌で押し返したり、飲むのをやめて大人の表情を見たりします。「上手に飲んでいるね」などと優しく愛情豊かに声をかけましょう。個人差も大きいため一人ひとりの違いも把握したいものです。離乳食とは大人と同じ食事になるための準備体操のようなものです。これまで母乳やミルクだけで栄養を摂取していた乳児もそれだけでは栄養を補えなくなってきます。大人と同じ食事をすることができるようになるため、固形物を食べる練習となるのが離乳食です。様々な固さや味を経験し、慣れていくために離乳食があります。

　離乳後期になると、3回食に進みます。徐々に大人と同じ時間に食べるようになり、自分で食べたがり、スプーンを持って一人で食べようと意志表示をするようになります。手づかみでも自分で食べたという満足感を大切に育みましょう。

　同時に以前食べたものをいやがったり、食べ物を投げてグチャグチャにしたりする時期でもあります。大人は困ったと感じる時期ですが、食べる形や順番を変えてみたり、少しずつお皿に入れたりなど、手を使いひと口でおいしく食べられた体験を重ねることなどがやがて食べ方を会得していくことにつながります。周囲の大人の関わりや工夫をしていきましょう。

　食べることの基本は「楽しく・おいしく」です。生まれて初めてのことを経験していく乳児にとって楽しい経験を多く積めるようにしたいものです。大人が笑顔で「おいしいね」と声をかけましょう。優しく見守られている安心感が「もうひと口食べてみたいな」という気持ちにつながります。乳児のサインをしっかりと受け止めていきましょう。

安心した眠りと生活リズム

　健やかな育ちのためには安心した眠りを保証することが大切です。可能な限り同じ保育者が乳児を安心した眠りに誘いましょう。おんぶやだっこをすると、乳児は大人の体温と鼓動を感じながら静かに眠りにつけます。また、睡眠中の安全にも配慮が必要で、特に乳幼児突然死症候群(SIDS)への注意も必要です。部屋は表情が見えないほどの暗さではなく、薄暗い程度にしましょう。

　0歳児の生活は、一人ひとりの生理的なリズムが尊重され、十分に寝て、よく飲み、食べ、そして目が覚めたらしっかりと遊ぶ。お昼寝(午睡)の時間には個人差があることから、緩やかに隔離され、静かで安心して眠れる場所などが必要になります。

　5～8か月頃になると昼と夜の区別がついてきます。夜はしっかりと寝て、昼寝の時間も決まってきます。生理的なリズムが尊重され、十分に寝て起きた乳児の情緒は安定し、乳児の探索活動を活発にします。活発な探索活動は意識をより覚醒させ、目覚めている時間を長くします。そして、よく動き遊んだ乳児は適度な空腹感を覚えます。

　このことに大人が優しく応答的に関わりながら提供される授乳や離乳食の時間は、食欲を高めます。楽しい食事の時間を過ごして、おなかが満ち足りてくると、その心地良さは乳児を眠りに誘います。このような個別的なリズムに応じた生活を十分に経験した後に、幼児になると目覚めている時間が次第にそろってきて、おおむね同じ時間帯に食事や睡眠を取るようになっていきます。こうして、一日の生活のリズム(流れ)が、徐々にできあがっていきます。このリズムができていないと朝から不機嫌で、自ら遊ぶ、食べるということから遠ざかりがちです。生活のリズムを整えることにより、機嫌良く生活できる乳児は多いものです。

衣類の着脱・おむつ交換・沐浴
～身体を清潔に保つ～

　乳児が健康に過ごすためには、気温によって衣類をこまめに調節することや汗をかいたり汚れたりした時に着替えたりすることを、生活の流れの中で行なえるように様々な機会を捉えて援助することが大切です。

　たとえば、自分の靴下を指して「散歩行きたいよ」と散歩に連れて行ってほしいことを表情やしぐさで伝えようとします。「そうね、靴下を履いてお外に行きましょうね」と応えると意欲的に履こうとします。衣服を脱いだり着たりする活動は、一人ひとりの乳児と保育者のふれあいの時間にもなり、愛着関係を育むきっかけにもなります。

　おむつ交換はつい立てなどで囲い、プライバシーを大切にした環境を用意しましょう。交換する前には必ず「おむつを替えましょうね」と声をかけて、始めることも大切です。無言で抱かれて交換の場に寝かされると「これから何が始まるのか」と乳児も思い、緊張します。

　おむつ交換をすることで5つの感覚の中で視覚（見る）・聴覚（聞く）・触覚（触る）・嗅覚（かぐ）が育まれます。「気持ち悪そうなお顔しているね。気持ち良くなったね」などと声をかけることにより、これらの感覚が育ちます。交換の最中や終了後には、「ほーら、気持ち良くなったね」など清潔になる心地良さを伝えたいものです。

　大人より新陳代謝が活発な乳児は、毎日欠かさず沐浴や入浴する必要があります。沐浴の目的は体をきれいにすることに加えてリラックスすることです。気持ち良さは、沐浴後の「さっぱりしたね」という保育者の気持ちの伴った言葉とともに経験します。保育者に声をかけられると応えるかのように、足や手を伸び伸びと広げたりします。この経験が毎日何度も繰り返されることで、清潔に対する心地良さの感覚が育っていきます。

　心を込めて丁寧に対応され心地良さを味わう経験は、他者に自分の存在を肯定的に受容される経験であり、それは乳児が自身の存在を肯定的に受け入れることへとつながる経験でもあります。「健やかに伸び伸びと育つ」とは、乳児が自ら考え、人やものに触れ、感じ、関わることを折り重なるように経験していくことであり、そのことをわたしたち大人が支えていくことであると考えます。

身近な人と気持ちが通じ合う

執筆／石丸るみ（大阪総合保育大学）

子どもからの働きかけに応えて

　誕生直後の乳児の目の見え方は、まだぼんやりとしたものですが、唯一焦点が合う距離は30cm弱ほどの位置だそうです。それはちょうど、母乳やミルクをあげた時に授乳する人とまなざしを合わせることができる、ほどよい距離に設定されています。

　乳児への授乳は、優しく抱き上げてから始めます。乳児の目と、力強く吸い付く乳児の口元を交互に見つめながら、声をかけながら。額にじんわりと汗をかき懸命に飲みながらこちらを見つめる乳児。その乳児に「たくさん飲んでね、おいしいね」と声をかけます。その時、一瞬、動いていた口元が止まります。そこで、哺乳瓶を少し傾け直し、乳首を改めて角度を変えてみて吸いやすさ、飲みやすさを探すことに工夫をしてみます。表情を見ながら、口元を見ながら「おいしいよ」と声をかけた言葉を、まるで理解したかのように、また、乳児は飲み出します。「おなかすいたね、おいしいね」と改めて声をかけ、乳児と見つめ合っているその瞬間は"飲みたい"という乳児と、"飲みたい乳児であることを支えたい"人とつながる瞬間でもあり、気持ちが通じ合っているかのようなひとときでもあります。

思いを支えられて"人"が
"信頼できる人"としての認識に結ばれていく

　このように、生まれて間もない乳児は、世話をしてもらうという"人との関係"を保ちながら、そこで結果的には人との関わりの基礎を培う生活が始まります。

　たとえば、乳児がどのような状態にあっても身近にいて、主体者としての乳児を尊重し受け止め世話をし、乳児の生きていく力そのものを支えてくれる人との生活の中で、様々なことがここから育まれていくというものです。

　保育所保育指針には、「身近な人と気持ちが通じ合う」社会的発達に関する視点が、乳児保育の留意すべき事項の一つとして示されています。何かを自ら伝えようとする意欲や、身近な大人との信頼関係を基盤に人との関わる力の育ちにおいて、留意すべき事項です。乳児には、生物学的なヒトとしての基本的な欲求としても、人にくっつく、つながる（愛着＝アタッチメント）ことは、ボウルビィ*により愛着理論として説明されています。愛着は、怖い時、不安になる時に生起する内的な心の持つ力です。自己（自分自身）・他者（自分以外の人）・外界との出会い（ものや空間など全ての環境）を知り、そのこと、ものとの関係に対して折り合いをつけるための調整力ともいえるものです。

　その働きを通して、くっつき、つながっている特定の人に支えられることによって育まれていくことになります。

　まだ、言葉で自分の思いや欲求を十分に表現することができない乳児にとって、たとえば、特に"泣く"ということは「自分の思いや欲求を保育者等に訴える手段」1）でもあります。「泣かずにはいられない子どもの思いを汲み取り」2）、受け止めて、適切に応えていくことを通して、愛着をふまえた特定の保育者などとの間に情緒的な絆が形成されることになります。

※ジョン・ボウルビィ（1907-1990）イギリス出身の医学者、精神分析家。

自分を肯定する気持ちは
"意欲"としての生きる力を育む

　乳児が出会う怖さや不安、危機的な体験（病気やけがなども含めて）をも継続的に傍らにいて保育する、世話をする大人に支えられる経験は、自分がかけがえのない存在であること、安心できる自分自身であることを感じ取り、愛されていることそのものを実感するようになることでしょう。育まれ続けていく「自分を肯定する気持ちは、生涯にわたって人との関わりの中で生きていく力の基盤となる」3）ことでしょう。

　たとえば、生まれてはじめて、外へ出て草や花と出会う。触ったことのない感触に初めは顔をしかめるかもしれません。近くにいる保育者がその様子を見て声をかけ、その不安な気持ちを支えます。乳児は保育者の存在を感じながら、新たな草や花という知らなかったもの（不安なもの）と出会うこと自体を支えられているということになるのです。

　下の写真での乳児は、"何か"を発見しています。指先で小枝をつまむ姿は小さな研究者のようです。そして、写真に写ってはいませんが、傍らにはいつでも支えられる位置を保ちながら、あたたかなまなざしを注ぐ保育者の存在があります。

乳児の大切な
"表現"としての人見知り

　愛情を込めて受容的に関わる保育者のいる環境は、泣く、怖い、いやがる、怒るなどのありのままの乳児を受け止める努力をしている環境です。そのため、ネガティブな感情を表している乳児自身の自己さえもポジティブな自己自体を肯定する感情として、自己肯定感の形成を促していくことになるので、人と人との間に形成された愛着関係は更に強まることでしょう。このような、「身近な人と気持ちが通じ合う」という愛着に支えられてきた乳児は、「初めて会った人や知らない人に対して泣くなど、人見知りをするように」4)なります。この時も、特定の保育者などとの安定した関係を基盤に、保育者などの仲立ちにより、時には自己を脅かす存在かもしれない他者や、はじめての場所、不安な外界の世界へも、積極的な探索行動とその後の子ども同士への関わり合いへの育ちへとつながっていくことになります。

　応答的に関わる保育者などに「ほら、見てごらん」と言われて、保育者とともに関心をもったもの、興味をひかれたものに対して、じっと見る、近づこうとして触れようと手を伸ばす、発達は中心から外側へ、手のひらの内側で、最初は手のひら全体でつかもうとする、指先の巧緻性が発達すると指先でつまめるようになる、投げたり、振ったりもできるようになる…。乳児の行動に保育者は言葉を添える。一緒に眺めているものを指さすことができるようになってくる。

　人見知りの時期も、身近な人に支えられて、発達は行きつ戻りつしながらも育っていきます。

人との関わりを通して
育まれていく言葉

　入園して間もない頃はなかなか食事がとれない子どもがいます。保育者も悩み、「膝に座って食べてみるのはどうだろう」「個別に食べたらどうでしょう」と試行錯誤します。「おいしいね」という声かけに、少しずつ大きな口を開けて食べてくれるようになります。保育者は毎日の生活の中で、乳児の不安や心配に寄り添い、「安心して楽しく食べられるようになるには、どうしたらいいかな」と、生活そのものを支えています。乳児は身近にいる人と同じものを見ながら、見守ってもらいながら言葉も聞いています。たとえば、「おいしいね」という言葉は身近な特定の大好きな保育者との関わりを通して出会っていることになります。

　3つの視点は5領域と重なるように「0歳児の保育内容の記載のイメージ」に図として示され、記載されていますが、その場所は特に5領域の人間関係と言葉に重なっています。あくまで、体験は複雑に絡み合い、重なる経験として総合的なものですが、その上で特に、保育指針では、発達過程の最も初期にあたる乳児期では養護を土台に、「身近な人と気持ちが通じ合う」という関係を基盤に、人との関係と言葉の理解や発語の意欲を育む学びの方向性について示しています。

　そこで、保育を実施する上では人間関係と言葉領域との保育内容の連続性について、意識して行なうことが求められています。

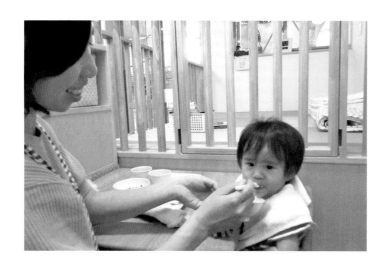

ふれあい遊びが育む
人とつながる喜び、楽しさ

　乳児との、『いっぽんばしこちょこちょ』などのふれあい遊びには、乳児の人との関わりを通した、学びの芽生えをみる体験の一つとして捉えることもできるでしょう。

　「いっぽんばしこちょこちょかいだんのぼってこちょこちょこちょ♪」

　子どもは保育者が歌って「いっぽんばしー♪」（聴覚）、触れて「こちょこちょこちょ…」（触覚及び聴覚）、見つめてくれる（視覚）笑顔（視覚）を受け止めて感じて、味わって「あー」「くー」と喃語など発声があるでしょう。身体をよじって、乳児も笑顔で聴きながら、遊んでくれる保育者に喜びと楽しさをも同時に心地良い全身での五感の感覚とともに味わっています。その時にやりとりされる「言葉にならない思いの意味（を汲み取られる経験）と言葉の音声とがつながりをもち、言葉を理解することにもつながっていく」5）（括弧内筆者）ということです。

　この時、その乳児保育の場には、同じように関心をもつ乳児が、楽しさの渦にひかれてくることもあるでしょう。このような乳児保育ならではの、他児とも楽しさをともに味わうその場の広がりや展開は、前述に示された[自己]−[人]−[もの]との関係を、大好きな身近な保育者に支えられることで、他児とふれあう喜び、ひいては人とふれあいつながる喜びそのものに結びつく幸せを実現しているともいえることでしょう。

『いっぽんばしこちょこちょ』（わらべうた）
引用文献：1）2）3）4）5）『保育所保育指針解説　平成30年3月』（厚生労働省／編　フレーベル館　2018年）

身近なものと関わり感性が育つ

執筆／上垣内伸子（十文字学園女子大学）

めざましい運動発達と能動性

　誕生から1年間の赤ちゃんの発達はめざましいものです。粗大運動の発達に目を向けると、3〜4か月頃には首がすわります。首すわりがしっかりすると、見たいものに目を向けたり、動くものをじっと追うことができるようになったりします。「何だろう？」と思った時に自分で見て確認できるのです。そうして5〜6か月頃になると寝返りをしたりずりばいで動いたりするようになります。そうすると、「あれは何だ？」と見つけたものの場所や、音が聞こえた方向に自分で行ってみることができるのです。やがてお座りができるようになると両手が自由に使えるようになります。つかんだり離したり、振ってみたり引っ張ったり投げたり、打ち合わせてみたりたたいてみたりといろいろと試す姿は真剣そのものです。10か月頃になるとつかまり立ちもでき、いよいよ「2足歩行」での広い世界の探検が始まるのです。

　微細運動では、3か月頃になると「手」との出会いがあります。じっと手を見つめたり開いてみたり両手を合わせてみたり、そのうち、見つけたものに手を伸ばしてつかもうとします。目と手の協応動作の始まりです。こうして見つけたいろいろなものに触れたりつかんだりするうちに、手指の動きが細やかになり、親指と人さし指の2本で小さなものをつまんだり、指先で押してみたり力を入れてちぎったりすることもできるようになります。「これは一体何だ？ どうなっているのかな？」小さな科学者は飽くなき実験を続けます。この能動性がものとの関わりを生み出しているのです。一人ひとりの発達段階の違いが大きいことが乳児保育の特徴です。発達に応じて存分に能動性が発揮できるように、遊具や環境を工夫していくことが大切です。

興味や関心、好奇心が原動力

　赤ちゃんにとって生まれてからの毎日は、新鮮な驚きの連続ですね。身の回りの様々なものとの出会い、人との交流によって、心の中に「何だろう？」という出会ったものへの興味や関心がむくむくと湧いてきて、対象に近づきたい、触れたい、という意欲がぐんぐん育っていくことでしょう。赤ちゃんの頭の中をのぞいてみたら「好奇心」の3文字であふれかえっているのではないでしょうか。このように、乳児期から主体的に世界と関わり、育つことが人間の発達の基本です。好奇心が原動力となり、周囲の環境（もの）への積極的な探索と挑戦が生まれるのです。心が体を動かすのです。それと同時に、実際に自分で見たり聞いたり触ってみたりしたことで更に心が揺さぶられます。このように、心と体が同期してものとの出会いと関わり、探索と追求はなされていきます。そのような環境を計画し構成していくことは、「環境を通しての保育」には欠かせないことです。「あなたが生まれてきたこの世界には、こんなにたくさんのすてきなものや不思議なことがあるんだよ」と、一人ひとりの子どもの興味や関心の方向性や特性を理解し、今のその子どもにとって意味のある出会いを用意したいものです。

　乳児はものとの出会いによって心が揺さぶられた時、様々な方法でその思いを表現します。声をあげる、体を揺するなど、全身で表現しようとします。その言葉にならない想いを受け止め分かち合おうとする保育者がいることで、一層探索意欲が増していきます。そして、同じように探索する仲間の姿に刺激を受け、まねしたり一緒にやろうとしたりします。このような仲間との共鳴や交流がものとの関わりを更に広げていくのです。

五感で感じる、関わる

　五感とは、視覚、聴覚、嗅覚、味覚、触覚を指しますが、触覚にはつるつる、ざらざらなどの感覚だけでなく、痛みを感じたり、日光の温かさなど温度を感じたりするなど多様な感覚が含まれます。また、全身で振動を感じたり、体の傾きを感じたりする感覚もあります。そしてこれらが複雑に絡み合いながらものとの出会いがなされていくのです。

　春の風に誘われて園庭に出て、タンポポの黄色い花に手を伸ばそうとした時、花に寄って来た虫の羽音に驚いて振り向いたAちゃん。大きなレモンが熟れて地面に落ちていたのを見つけたBちゃんは香りをかいでいます。公園でマツボックリを見つけたCちゃんは不思議そうにそっと手に取りました。どうでしょう。同時にいろいろな感覚を駆使してものと出会う姿がありますね。乳児期にもこのような豊かな感覚体験がなされていることを理解しておくことが大切です。そして、それ以上に大切なのは、保育者自身もその感覚を一緒に楽しむことです。

　感覚は動きと結びついています。触れてみる、動かしてみるなど、見つけて思わず手を伸ばしていろいろ試してみたからこその発見は、子どもにとって大きな喜びと自信をもたらします。その時傍らであたたかく肯定的なまなざしで見守る保育者の存在は、自分を取り巻く世界への積極的関心を育てるだけでなく、安心してふれあっていけるという信頼感も育てるのです。五感を十分に使ったものと出会いは、その対象への理解を深いものにしていきます。「○○ってこんなものなんだよ」というその子なりの理解がより多面的なものになり、思考力をも深めていくのです。

音、形、色 ——
様々な特性に出会う

　朝、園庭の掃除をしていると鳥の声など様々な音が聞こえてきませんか。目をつぶって耳を澄ますと、木々を揺らす風の音、水の音、にぎやかな話し声など多くの音に囲まれていることに気付きます。砂場があるのに音場はどうしてないのかな？　そんなことを思っていましたが、園の全ての場所が音場なのですね。わたしたちは様々な音に囲まれて生活しています。大人はすっかりなじんで当たり前のようになっている環境ですが、子どもにとっては、新鮮な出会いがたくさんあります。風の音、雨の音にも気付けるような静かな時間も貴重な環境です。保育室には、楽器以外にも音の出る遊具があります。自分で音を出すこともものとの大切な出会いの場面です。そして、優しい声も楽しそうな歌声なども音環境です。耳に心地良い音量に配慮しながら、様々な音との出会いを保育に生かしたいものです。

　乳児保育室の遊具には、保育者の配慮と工夫が感じられます。触っても口に入れても安全なもの、いろいろな種類と大きさ、形、重さ、色、素材のものが用意されています。経験の豊かさ、遊びの多様性がそこから生まれることを願ってのことでしょう。数も重要な要素です。友達と同じもので遊ぶ、たくさん集めるなど、遊びの必要に応じて十分な数が用意されています。大きさは同じだけれども色が違う、同じ形なのに振ると音が違う、重さが違うなど、保育者が考えて選んだ遊具で何度も繰り返して遊びながら、子どもたちはたくさんの発見をしていくことでしょう。こうしたものとの関わりが、感性だけでなく思考力も育んでいきます。まさに知的な芽生えを育てる保育といえるでしょう。

やっぱり自然は
欠かせない

　漆黒の闇の宇宙にぽっかりと浮かんだ青く輝く美しい星が地球です。わたしたちの住む地球には、大地と海と空があり、そこに緑の草木が生え花が咲き、多くの生き物が暮らしています。山や丘陵、川や湖、砂漠、島など美しいランドスケープが広がっています。この自然の美しさは人間の美に対する感性の源泉であるといえるでしょう。わたしたちは、自然と対峙しインスピレーションを得て、詩歌や絵画、音楽や演劇など、様々な芸術を生み出してきました。ふだんから、山の端に沈む夕日やどこまでも広がる海原、はかなく散る桜吹雪に心が揺さぶられます。それは大人に限ったことではなく、子どもにとっても、もちろん乳児にとってもいえることでしょう。保育室の窓が夕日で赤く染まるのを見つめる子ども、夕方の空に浮かんだ満月を指さす子どもの心は、美しさと出会っているのではないでしょうか。アリの行列に目を近づけて追っている子ども、クローバーの草むらに座って1枚1枚葉っぱをちぎっている子ども、砂場に水が流れ込んでいくのをじっと見ている子どもの心の中には、いろいろな疑問が湧いてきていることでしょう。秋になって葉が色づきやがて落ち葉となっていくことも、子どもにとっては、新鮮な出来事です。新任保育者から、「保育者になってから季節の変化に気付くようになった」と聞きました。保育者自身が自然に対する感性を豊かにもち、身近な環境として自然を保育に取り込み生かしていくことが、子どもの育ちにつながっていきます。

空間のもつ意味を捉える
～出会いを生み出すレイアウトの工夫～

　子どもとものとの出会いは、それがどこに置かれているかによっても変わってきます。「環境を通しての保育」では、保育者が直接子どもと関わる前から保育が始まっているといわれます。保育者が子ども一人ひとりの興味や関心、発達特性をふまえて計画的に遊具を用意することで、子ども自身が自発的にそれらと関わって遊んでいくからです。そのため、どのような遊具を用意するかが重要となるのですが、それだけではなく、どのような保育室のレイアウトにするかを考え、どこに遊具を置くのかを考えることが重要になります。手を伸ばせば届くところにある、自分から取りに行けて自分でしまっておくこともできる位置にある遊具では、しぜんな形で遊びが始まります。つかまり立ちの時期の子どもにとって、ほどよい高さの台は遊びやすい場所となります。その台が部屋の壁際にあれば一人でじっくりと遊ぶ場所になり、中央に置かれるとあちこちから子どもたちがやって来て、並んだり向き合ったりして遊びがつながり、仲間関係が生まれる場になるのです。

　ハイハイが楽しくなってきた頃の子どもにとっては、斜面や段差を付けた起伏のある空間、もぐり込めるトンネルなどが動きを誘うことでしょうし、ホールや芝生広場などどこまでも広がるかのように見える空間には冒険意欲をかき立てられることでしょう。しゃがむと隠れる程度の低い棚などで囲ったコーナーでは遊びに集中しやすくなり、仲間との交流も深まります。

　0歳児クラスは発達段階の違いが大きく成長による変化が著しい集団です。そのため、個々の発達に応じて空間の構成を変えていくことが欠かせません。思いがすぐに行動につながるような空間の工夫が子どもの活動意欲と発達を支えるのです。

2章 一人ひとりの育ちの物語

執筆／宮里曉美（お茶の水女子大学）　協力／文京区立お茶の水女子大学こども園

　　ここでは、文京区立お茶の水女子大学こども園の3人の子どもたちが初めての園生活を送った1年間の記録から、三人三様に違う育ちの在り方や、そばにいる大人の関わり方のポイントを紹介し、考えていきます。一人ひとりの育ちの物語を紹介する前に、この子どもたちが過ごした園の概要や、資料として活用したものの内容について説明します。

1　「文京区立お茶の水女子大学こども園」ってどんな園なの？

基本のコンセプト「つながる保育」

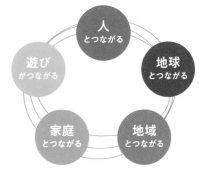

　　平成28年4月に開園した保育所型認定こども園です。0歳児から5歳児まで93名(2023年4月現在)が在園しています。

　　「つながる保育」を基本のコンセプトとし「地球とつながる・人とつながる・遊びがつながる・家庭とつながる・地域とつながる」の5つの側面から保育を組み立てています。

- 人とつながる：一人一人がゆっくり「自分」になっていく過程を大切にします。園全体がみんなの家。異年齢の関わりや大学の学生や教員等との出会いを、豊かな体験につなげます。
- 遊びがつながる：可塑性に富んだ素材や多様な道具を使い創造的に遊ぶ生活の中で、昨日・今日・明日へと遊びをつなげます。色・光・音等をからだで感じ、表現する喜びを味わいます。
- 地球とつながる：食を楽しみ心地よく眠りのびのびと遊ぶ生活。自然の不思議と出会い、感じる体験を重ねます。様々な国の方との関わりを通して、人と出会ううれしさを味わいます。
- 家庭とつながる：親も子もほっとできる園を目指します。大切なのは子どもが真ん中にいること。情報の発信・受信、多様な保育参加の機会を通して、子どもへ向けるまなざしを共有します。
- 地域とつながる：子育て広場を開催し、小さな子をもつお母さんやお父さんを支え、一緒に育つ機会を設定します。地域の方々との出会いや協働の機会を大切にします。

子どもが動きだす時を支える保育の追求

　0歳児クラスに入園してきた子どもたちは、保育者による丁寧な関わりを重ねる中で、次第に園を安心できる居場所と感じ取るようになります。ゆっくりとした時間の積み重ねの中で育まれた安心感を土台として、子どもたちは「じっと見る、耳を澄ます」などの方法で、周囲の状況を感じ取っていきます。動いていないように見える段階から、すでに子どもたちの能動性は発揮されています。つかまり立ちをし、歩き出す子どもたちから感じられるのは強い意志です。子どもたちの意志を大切に受け止め、子どもたちの動きを支えながら、子どもたち自身が扉を開いていく保育、「やりたい！」気持ちを存分に発揮し豊かに育つ保育の実現を目指して、保育を積み重ねています。

能動性発揮のプロセス

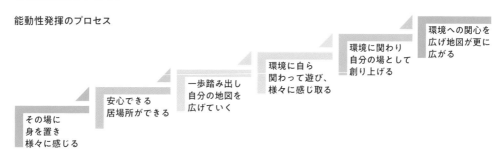

その場に
身を置き
様々に感じる

安心できる
居場所ができる

一歩踏み出し
自分の地図を
広げていく

環境に自ら
関わって遊び、
様々に感じ取る

環境に関わり
自分の場として
創り上げる

環境への関心を
広げ地図が更に
広がる

語り合いの真ん中にいつも「子ども」をおいて

　保育の振り返りをする際に、「語り合いの真ん中に子どもの姿があるように」ということを心掛けています。

　それぞれに作成したポートフォリオやドキュメンテーションを資料とすることで、それが可能になります。語り合いで大切なのは「質問すること」「おもしろがること」です。写真を見ながら、あまり着目されていなかったポイントに着目して語り始めたら、そこからもう一つの物語が始まります。

　担当するクラスの枠を超えて語り合うことで、園全体で子どもたちを育てている意識が生まれてきます。明日からの保育に新しい何かが加わって、楽しさが広がります。

② 保育室の様子

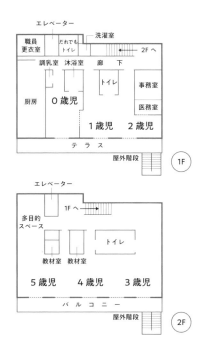

園舎は2階建て、0歳児保育室は1階にあります。保護者は保育室まで送り、子どもたちの身支度を済ませて保育者に我が子を託します。下の写真は、9月頃の保育室の全景です。この頃になると、ほとんどの子どもが1歳の誕生日を迎えているので、つかまり立ちをできる場所としてトンネルが部屋の中央に設置されています。写真奥に見える柵の場所が小上がりになっていてお昼寝のスペースです。それぞれの生活のペースに合わせて食事や睡眠が取れるように配慮しています。

棚には、子どもたちの実態に応じた手作りおもちゃなどが置いてあり、手を伸ばして自分で取ることができます。全体の色調に気を配り、美的な環境になるように配慮しています。

③ 画像を使った記録を作成したわけは？

3～5歳児：保育の物語を伝えるクラス掲示（ドキュメンテーション）

　3～5歳児のクラスでは、毎日、遊びの中で子どもたちが何を体験し、どのような育ちにつながったのかを保護者に伝えるために1日1枚のクラス掲示を作っています。保育中に担任が撮影した写真をもとに構成していきます。この掲示の目的は、「今日あったことや、その中で子どもたちが体験したこと、学んだことを伝える」ということにあります。なので短時間で作成することが必須条件です。短時間で今日はどのようなことで掲示を作ろうかと、他の保育者と相談します。相談をする過程で保育の振り返りができる、という良さもあります。

0～2歳児：子どもの成長を確かめ合う記録（ポートフォリオ）

　0～2歳児の保育は、一人ひとりへのまなざしをもち、よりきめ細やかな対応が求められます。クラス掲示も作成しますが、重点をおいて行なっているのが、子どもの成長を保護者と確かめ合うための記録（ポートフォリオ）です。1、2か月に一度くらいのペースで一人ずつ作成します。写真と文字による記録で、その子の成長を追います。

　食事や睡眠、遊びの内容、人やものとの関わりなどの視点で、その子の「今」を記録していきます。この記録は保護者に渡し、保護者からもコメントを記入してもらうようにしています。0歳児、1歳児というとても小さな頃から在園する子どもたちの成長を丹念に追うこと、それを保護者と共有することに大きな意味を感じています。

> 　2章では、月1回作成してきたポートフォリオをもとに、
> 子どものしぐさや表情から伝わるもの、保育者の思いや関わりから見えてくること、
> 子どもたちの動きを引き出したと思える場やものにも焦点を当ててまとめています。
> ### 三人三様の物語を、どうぞお楽しみください。

笑顔から伝わってくる Aちゃん の姿

　Aちゃんは生後6か月で入園しました。6人のクラスの中では、月齢的には一番小さかったのですが、体はとても大きくて元気いっぱいな赤ちゃんでした。4月、最高のほほえみを輝かせて登場したAちゃんは、安心できる場所や人を得て元気に過ごすようになりました。

　6月「その時々の気持ちを表して」では、「初めて」を味わっているAちゃんの様子を紹介しています。気になるものがあるとハイハイで移動して、なんだろう？ とそっと手を伸ばしています。そうやって手に入れた草や花をじっと見ています。そんなAちゃんの姿を、「何を感じているのかな？」という思いで保育者は見守ってきました。

　10月、1歳の誕生日を迎えて「こんなこともできるよ！」が広がってきます。タイトルを見ても、「自分から動きだす時」「してみたいことがたくさんあるよ」「ぼくもできるよ！」と喜びに満ちあふれています。保育者は、Aちゃんの喜びを受け止めながら、様々な感情の芽生えを大切に受け止め気持ちの膨らみを支える援助を重ねてきました。

　笑顔あふれるAちゃんの周りには他の子どもたちの姿があります。同じ場所に入り込んで遊んだり、トンネルの端と端で「ばあ！」と出会ったり、動きで通じ合いながら、いろいろな関わりが生まれてきています。

好きなことが自由にできる喜びを味わいながら育っているAちゃんの1年間です。

『最高のほほえみ』

笑顔がうれしい！
心がほっこり

園で一番月齢が小さくて笑顔が最高にかわいいＡちゃん。この笑顔を見せてもらう度に幸せな気持ちになり、ほっこりさせてもらっています。気になるおもちゃがあると、一生懸命に手を伸ばします。日に日に体が動くようになり、とても楽しそうです。

触れたよ！

入園から2週間たたないうちに、こんなに足が上がるようになり、手で触ることもできるようになりました。

動きたくて動きたくて

右足は踏ん張り、左足を前に出そうとして力を入れているのが伝わります。わたしたちも、思わず「もう少しだ、頑張れ〜」と力が入ります。

環境・援助のポイント

「どうぞよろしく！」から始めよう

0歳児クラスの子どもたちは、月齢や家庭環境、個性など、みんな違います。どの姿も「かけがえのない今の姿」です。0歳児クラスの4月は、「あなたに会えてよかった！」「どうぞよろしく！」という思いを込めて一人ひとりにほほえみかけたり、抱き上げたり、一緒に過ごしたりすることから始まります。ゆっくり、丁寧に始めていきましょう。

『前に進みたい！』

● 保育者の思い ●

頑張れ、Aちゃん！

いろいろな姿勢を獲得すると、更に視野が広がりました。「(気になるおもちゃに)触れてみたい」「友達の近くに行きたい」そんな思いが膨らんで、盛んに前進しようと励みます。思い通りにいかず泣きながらも、また挑戦していく姿に、思いの強さを感じました。そして少しずつ前に進んだその時の、とびきりの笑顔。わたしたちもとてもうれしい瞬間でした。

おもちゃを取りたい…

目の前のおもちゃを手に取りたくて、前に進もうと手足を踏ん張っています。前に進みたいのに後ろに進んでしまってよく泣いていましたが、この日は泣かずに笑っていました。ハイハイの挑戦に少しずつ余裕が出てきました。

「あー」で通じ合う

「あーあーあー！」「あーうあうあー！」おしゃべりが始まりました。声が段々と大きくなり、笑い合う二人。まだまだ小さな二人ですが、確かに気持ちが通じ合っている様子です。

環境・援助のポイント

Aちゃんのペースを大切に

動きたい気持ちはあるけれどなかなか前に進めずに泣いてしまう姿もよく見られますが、泣きながらも前に進もうとしている様子が見られたら、それを応援します。思い通りに前に進めてニッコリ！という瞬間を見逃さないように、Aちゃんのペースを大切にしながら支えていきましょう。

『その時々の気持ちを表して』

● 保育者の思い ●

「初めて」がうれしいね！

自由に動けることで、毎日が楽しそうです。今ではつかまり立ちもできるようになりました。いつもの笑顔はもちろんですが、視野が広がったことで、「初めての○○」も増え、その中で見せてくれる表情がとても豊かです。新しい経験が重なっていく、今です。

トンネルに入ったよ！

ハイハイがとっても上手になり、スピードも速くなりました。これまでくぐることのなかったトンネルに、自ら入っていくようになりました。出てきた時の表情は、喜びにあふれています。

何だろう？

気になったものがあるとハイハイで移動します。「なんだろう？」とそっと手を伸ばします。

草に触れた時の味わったことのない感触と正直な気持ちが表情から伝わってきます。

環境・援助のポイント

何を感じているの？

保育室の中をハイハイで動き回りながらニコニコしている時。戸外に出て、シートに座りながら草むらの方にそっと手を伸ばしている時。それぞれの時に、何かを見つけて、何かを感じているのだと思います。何を見つけて、何を感じているのか、それを分かりたいという気持ちでAちゃんのそばにいるようにします。

『「何だろう？」がたくさん！』

登れたよ！

保育室の中に巧技台を出すと、興味を示してそばにやって来て、台に手をかけたり友達の様子を見たりしていましたが、この日、スロープを登ることができました。登り切って、満足げな表情を浮かべていました。

● 保育者の思い ●

心を動かしている
姿に着目

つかまり立ちが日に日に安定。世界が更に広がり、気になるものを目指して力強く歩んでいます。「○○に触りたい」「だっこしてほしい」としっかりとした意思表示も見られるようになってきました。周りのいろいろなことに心を動かして楽しんでいる姿を大切にしたいです。

動きで通じ合う

おしゃべりしているかのように喃語で応答し合う二人。一人がしゃがむと同じようにしゃがみます。しゃがんで、立ち上がり、顔を見合わせてにっこり。気持ちがつながりうれしそうです。

環境・援助のポイント

意思表示を
しっかり受け止めて

園生活に慣れてきて、してほしいことを表情やしぐさで伝えてくれるようになってきました。その気持ちを理解し、「○○したかったのね」と応えていくと、うれしそうに笑います。大切な意思表示です。しっかり受け止めていきましょう。

8月 （10か月）

『ぼく、こんなことできるんだよね！』

●保育者の思い●

様々な感情が芽生えてきたね

楽しいこと、やってみたいことが増えて、ますます活発になってきました。全身を使い、よく体を動かしています。「いないいないばあ」も大好き。人とのコミュニケーションを楽しんでいます。言葉を理解し、隠れたり見えたりするおもしろさや、期待する気持ちなど、様々な感情が芽生えてきたのでしょうね。

いないいないばあ！が大好き

「いないいない〜」の言葉をかけると、「ばあ！」と言いながら隠れていた顔を見せてくれます。ふわふわの紙や布の触り心地が好きで、感触遊びとともにいないいないばあ遊びをたくさんして遊びました。

ほら、手が届くでしょ

背伸びをして絵本を取り出します。つま先でしっかり立てることってすごいことなんです。わたしの熱い視線に気付いたのか、「先生、撮ってるの？」とでも言うかのように、カメラ目線になりました！

環境・援助のポイント

動きを受け止め、楽しさに共感する

つかまり立ちするようになると、急に動きが活発になります。「手が届く」喜びを味わいながら、手を伸ばしている姿があります。少しのことでバランスを崩すことがあるので、常に気を付けている必要はありますが、「立ちたい」「触りたい」気持ちはとても貴重です。そばで見守りながら楽しさに共感していきましょう。

『よく食べ、よく遊び、たくましく』

● 保育者の思い ●

関わろうとする姿を大切に

午前寝をしない日が増えてきました。食べることも好きになりうれしそうに食べています。友達の姿を見て「やってみたい」という意欲が膨らみます。おもしろさを感じると、今度は自分から繰り返し遊んでいます。周りのいろいろなことに関心をもち、関わろうとする姿を大切に見守りたいです。

これが食べたい

指さしして、しっかりと意思表示をしています。食べることが好きになりました。口を動かしてよく噛み、食欲旺盛です。

バギーに乗って中庭へ

夏前は興味を示さなかった道中の景色。今では興味津々！ 周りの様子をよく見て楽しんでいます。ネコと出会うと、その姿にくぎ付けでした。

環境・援助のポイント

心地良い生活を！

夏が終わり秋になりました。室内で遊んだり戸外で過ごしたりする、食事をする、眠るという一連の動きが、無理なく流れていくようになってきます。その一つひとつが子どもたちの大切な体験です。心地良い生活を進めていきましょう。

『興味が広がる時』

● 保育者の思い ●

1歳おめでとう!

その時々の感情を、表情やしぐさ、声のトーンで表しています。喃語でたくさんお話もするようになりました。今月で1歳を迎え、一人でスクッと立ち上がることも増えました。友達と一緒にいる楽しさも感じ始めています。今後の遊びの広がりをともに楽しんでいきたいと思います。

見て! すごいでしょ!

砂の上に手を置いて動かすと、線がついたことに気が付き、一度止まります。その後は、ぐるんぐるんと腕を回して遊び始めました。偶然から始まる新しい発見は、遊びをより楽しくするようです。

楽しいね

箱に入ることが好きで、よく入りますが、この日は友達と一緒です。二人で拍手もして喜んでいました。模倣遊びの始まりです。楽しいことを共有すると、笑顔があふれてきます。

環境・援助のポイント

何に興味があるのかな?

砂を触ってグイグイと手を動かしている姿からは砂に対する強い興味が感じられます。その子が何に興味をもっているのかを分かろうとする姿勢はとても大切です。そして、子どもがしているのと同じようにものに触れて関わってみると、子どもたちが感じ取っていることが感じられるかもしれません。

『自分から動きだす時』

登ったり、滑ったり

山登りに挑戦。一番高いところに登ると、晴れやかな表情で喜びを表していました。経験を重ねるに連れて、腹ばいで滑り下りるなど遊び方が大胆になってきました。

● 保育者の思い ●

気持ちの膨らみを支えて

戸外でも活発に遊び出す姿が増えました。気になるものを見つけると、四つんばいで力強く進みます。すぐにはできないことも、じっくりと指先や全身を使って何度も試している姿があります。うれしい、楽しい、おもしろいなどの気持ちが膨らんでいく姿を丁寧に支えていきたいです。

環境・援助のポイント

Aちゃんの一歩を喜ぶ

日々成長していく子どもたちです。中でも「歩く」ということは大きな成長です。「園でも歩きましたよ」と保護者に伝え、喜びを共有していきます。自分から動きだすことが増え、時にくじけることもありますが、あたたかく見守り支えていきましょう。

見て、歩けるよ！

園でも歩く姿を見せてくれました。力強く立ち上がると慎重に一歩、二歩……「見て！ ぼく歩けるよ！」とでも言っているような得意げな表情です。

『好きなことが自由にできる喜び』

こんな顔！

絵本『かおかおどんなかお』（こぐま社）の "眠った顔" をしています。首をかしげているのは、横になっているつもりなんです。他にも、"泣いた顔" など、いろいろな表情を見せてくれます。

環境・援助のポイント
絵本のこと

絵本『かおかおどんなかお』（こぐま社）は、いろいろな顔と出会うことができて子どもたちは大好きです。「もう一回」「もう一回」とでも言うように子どもたちが差し出してくる絵本を、楽しく読んでいきましょう。子どもたちのそばに絵本を置きましょう。子どもたちは絵本を持って歩くことが好きです。ページを開いたり閉じたりすることも楽しむ子どもたちです。

● 保育者の思い ●

毎日楽しそうだね！

歩けるようになると、世界が広がり、毎日が楽しそうです。友達と一緒にいたい、同じことをしてみたいという気持ちが芽生えてきています。絵本の内容も理解できるようになり、言葉と動作をつなげて表現することも楽しむようになりました。大きくなってきたことを感じる毎日です。

きれいだね！

イチョウの道に散歩に行きました。最近はハイハイをほとんどしなくなりました。方向転換も上手になり、友達がいる方へとせっせと歩き出します。葉に触れて、じっと見て、パッとまき散らしています。

『してみたいことがたくさんあるよ』

● 保育者の思い ●

時々の思いを
受け止めて応えていく

しっかりと歩けるようになり、不安定なところや段差など、少し難しいところの挑戦を楽しんでいます。友達を意識する気持ちが更に強くなり、一緒を楽しんだり、時には、自分の思いをしっかりと主張する姿も見受けられるようになりました。その時々の思いを受け止め、応えていきたいと思います。

少し不安定な場所を
歩きたい

起伏のある芝生やちょっとした坂道の上り下りなど、少し不安定なところを歩くことがおもしろい様子です。転んでもスクッと立ち上がり、バランスをとりながら力強く歩き、満面の笑みで繰り返し楽しんでいました。

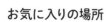

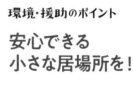

お気に入りの場所

小さなスペースを気に入っています。他の子の遊ぶ姿を見ていた数日後、今度は一人で入り、同じように車を走らせて遊んでいました。

環境・援助のポイント

安心できる
小さな居場所を！

歩行が安定してきて、いろいろな場へ行くようになり探索する中で、「ここが好き」という場所と出会っていきます。安心できる場所が見つかると、そこを起点にして育っていく子どもたちです。保育室の中に安心できる小さな居場所をいくつか作ってみましょう。数人で入れるくらいの狭さがちょうどいいようです。

『気持ちが通い合う うれしさ』

● 保育者の思い ●

笑い合う気持ちを大切に

友達が遊んでいて、「楽しそう！」と思うと笑顔で近づいてきます。同じことをして遊ぶとケラケラと笑い合います。友達と楽しさを共感できることがうれしいのでしょうね。人とのつながりを大切に、一緒がうれしいと感じられる時間を重ねていきたいと思います。

トンネルの端と端で「ばあ！」

体をかがめて「いないいない」をした時、トンネルの先に友達が見えたのでうれしくなり、互いに笑い合います。「ばあ！」と立ち上がった時は更に笑顔になり、幸せそうでした。

見立てて遊ぶ

カップに飲み物を注いでいるつもりなのでしょう。注いだら自分で飲んだり、近くにいる友達に「はいっ」と渡しています。見立てて遊ぶことも、楽しむようになってきました。

環境・援助のポイント

「ばあ！」で出会えるうれしさ

人といるから楽しいなと感じられる遊びの一つに「いないいないばあ」があります。保育者と楽しんだことが、次には子ども同士でも楽しめるようになっていきます。リズムを合わせ共振する楽しさは、人とともにいるからこそ感じ取れる大切な感覚です。「楽しいね」と共感して受け止めていきましょう。

『ぼくもできるよ！』

押してあげる！

押し車にのって、押してもらうことを楽しみながら、今度は友達がのっていると、押そうとする姿が見受けられるようになりました。足を踏ん張り、力を込めて押しています。

● 保育者の思い ●

大きくなったね！

友達の姿から、今度は「ぼくもしてみよう」という姿が増えてきました。身体を使って遊ぶことも楽しくて、大きなものを持ってみたり、登り降りや丸太にまたがり前進したりと挑戦を楽しんでいます。いろいろなことをしてみたい気持ちに満ち、行動していく姿に大きくなった姿を感じます。

環境・援助のポイント

「やりたい！」を支えていく

自分のそばで誰かがしていることから刺激を受けてやってみようとする姿がよく見られるようになってきました。「やりたい！」と思ったことをやり遂げた時の満足感は格別のようです。小さな体のどこにそんな力があったのかと驚かされながら、大切に支えていく関わりを重ねていきます。

登れたよ！

2歳児が遊んでいた場所が空くと近づいてきました。手を使い、一人で台に登ります。台に登ると、立ち上がり誇らしげな表情で周りを見回していました。

「どうぞよろしく！」という始まり

　生まれてから数か月しか経っていない子どもたちと、「はじめまして！」と出会う0歳児クラスの4月は輝きに満ちています。保育者は心を新たにしながら、「あなたに会えてよかった！」「どうぞよろしく！」という思いでほほえみを交わすことから園生活をスタートしていきます。

心を動かしている姿に着目

　クラスの中で月齢が一番小さかったAちゃんですが、7月頃になると、「こうしたい」という意思表示をはっきりと伝えるようになってきました。この変化を捉えて、「そうなんだね」「そうしたいんだね」と受け止めることで、更に自分の意思を表すようになっていきました。

Aちゃんの
育ちを支えた
保育者の関わり

気持ちの膨らみを支えて

　11月頃には、「すぐにはできないことも、じっくりと指先や全身を使って何度も試している姿」が見られるようになり、うれしい、楽しい、おもしろい、などの気持ちが膨らんでいくように支えています。Aちゃんの中に生まれて広がっていく「思い」の大切さを支え続けています。

関わろうとする姿を大切に

　Aちゃんが意思を表す場面は、遊びだけでなく食事の場面でも見受けられました。「これを食べたい」「飲みたい」などです。Aちゃんの思いを受け止めながら、周りのいろいろなことに興味をもち関わろうとする姿を支えました。

「動きたい！」が全身から伝わってくる Bちゃん の姿

　Bちゃんは生後7か月で入園、新しい場所への不安からか、最初はミルクも離乳食も進まないという状態でのスタートでしたが、日を重ねているうちに安心して過ごせるようになっていきました。

　身の回りにあるもの全てに興味をもって、「あれは何？」「どうなっているの？」と突進していきます。その行動力と集中力に圧倒されます。ふと隣り合った子どもと「あーあー」「うーうー」で通じ合い笑い合う姿が見え出したのは、6月頃です。小さな体から発せられる声は、とても力強いものでした。

　9月には1歳になりました。一歩、また一歩と踏み出して、気が付いたらスタスタと歩き回っています。行動範囲も広がって、意欲満点な姿が随所で見られました。Bちゃんがすごいのは、歩いていてバランスを崩して座っても、すぐに立ち上がり歩き始めるところです。「すぐ立ち上がるBちゃん！」なのでした。いろいろな場所に出かけては、いいものを見つけてふれて確かめていきます。

　12月頃からは、「一緒がうれしい」という姿がよく見られるようになってきます。同じものを持ったり、「いないいないばあ」や「ねんね」など同じ動きを楽しんだりしながら、「一緒」を感じているのでしょうか。

> **自分らしく動きながら、楽しさを広げていったBちゃんの1年間です。**

4月 （7か月）

『動きたい！』

いいもの みーつけた！

プチプチシートを見て「いいもの見つけた！」
という表情をしました。触れてみたくて体がウ
ズウズしています。右手が上がり始めました。
前に動いてみよう！ と意気込んだ瞬間です。

● 保育者の思い ●

「その時」を
逃さないように

最初はミルクも離乳食も進まなくて
心配しましたが、場や担任を覚えて
からは、離乳食もしっかり口を開け
て笑顔で食べています。寝返りや、
ハイハイの姿勢もできるようになり、
「今の見てくれた？ すごいでしょ！」
という気持ちを笑顔と喃語で表して
くれるので、その時を逃さないよう
にしています。

環境・援助のポイント

ゆっくりスタート

「飲まない」「食べない」という状態から、飲めて食べら
れるようになった頃に、「あれは何？」というものを見つけて、
動きだす！ という時が来たのですね。まさに、「時来た
り！」という感じです。
ハイハイの頃に、床にプチプチシートが貼ってあると、触っ
てみたいという気持ちが引き出されます。上にのって滑る
ことがないように、床に貼る時はしっかりと留めるように
します。

前進あるのみ

いよいよ、動きだしました。全身を使って一
生懸命、前へ前へと進んでいきます。4月1
週目はこんなに動けなかったのですが、あっ
という間に動けるようになりました。プチプ
チシートを触って、満足そうな顔です。

『世界が広がって』

何を考えているの？

「自分で移動できることが楽しくて仕方がない」そんな気持ちが伝わってきます。食事量が増え、寝入り際にミルクもしっかりと飲めるようになりました。心身が満たされると、目を輝かせ、好奇心旺盛に存分にハイハイ。様々な発見を楽しんでいます。「これは何だろう」という気持ちが膨らんで、夢中になり遊んでいる様子を大事に見守っていきたいと思います。

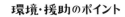

どうやって登ろうかな

初めて巧技台を出すと、早速やって来ました。他の子が登る姿を見て巧技台に手をかけます。「登りたい！どうやって登ろうかな」しばしの間考えた後、反対側に回りスロープから登っていました。いろいろと考えている姿を感じます。

いい場所見つけた！

こんな気持ちなのでしょうか。トンネルの入り口に入って、心地良さそうに遊び始めました。音の鳴る積み木を一つずつ手に取っては振り、音の違いを楽しんでいます。

急いで何かをさせようとしない

ハイハイで保育室内を動き回り、居心地の良い場所や、やってみようとすることを見つけています。保育者は、Bちゃんの姿に「いろいろと考えている」姿を見いだし、それを大事に見守っています。動き回ることを楽しみ出した頃に、スロープや潜り込める場所など、変化に富んだ環境があることがうれしいようです。

『初めてのことがうれしくて』

● 保育者の思い ●

おしゃべりは
楽しいね

食べて飲んで、たっぷり寝て、すくすくと育っています。笑顔とおしゃべりも盛んで、「こんなに大きな声も出るのね、楽しいのね」と言葉をかけるほどです。散歩に出かけることも増えました。ハイハイでたくさん動き、やってみたいという意欲にあふれ、ますますたくましくなり、うれしい限りです。

「あーあー」で通じ合う

「ここに行きたい！」と思ったら行動は早く、ハイハイで移動し、すくっと立ち上がります。そして、「あーあー」「うーうー」とおしゃべりが始まり、笑顔いっぱいです。

これは何？

小麦粉粘土も散歩先での草も、気になったらまずは触ってみます。指先を使って、握ったりちぎったりしながら、いろいろなことを感じていることでしょう。好奇心旺盛です。

環境・援助のポイント

自ら探索する姿を支える

動きの広がりとともに発せられている声はとても力強くて、まさに体中から発せられているように感じます。身近にあるものに手を伸ばし、触れて、ちぎってそのものを味わっています。まさに「探索」です。変化を味わえる素材や自然物との出会いが大事です。

『いろいろな気持ちを表して』

何だろう？
園では初めての水遊び。そっと水に触れると、水面に浮かび上がる波紋。「何だろう？」真剣なまなざしで見つめていました。

● 保育者の思い ●

積み重ねを大切に

初めての物事にも興味津々！ 意欲的に遊びます。拍手をしたり、バイバイしたりと、表現も増えました。「○○したい」「○○はいや」などの意志も声を上げたり、しぐさや表情などで示してくれます。気持ちが受け止められる心地良さ、人と気持ちがつながる心地良さ、そんな積み重ねを大切にしていきたいです。

環境・援助のポイント

動きで共振　一緒がうれしい

水に触れ、波紋をじっと見ている姿からは、深い集中が感じられます。水と対話しているようにも見えます。小さなタライがあると、ゆっくり自分のペースで探索できます。近くにいる人と動きや声で共振している子どもたちの姿を愛おしいと感じながら見守る保育者のまなざしが優しいです。向かい合わせになって顔が合うような高さの台がこのような動きを引き出しています。

「あーあ」「あーあ」が重なって
おしゃべりしているかのように、喃語で応答し合う二人。一人がしゃがむともう一人もしゃがむ。しゃがんで立ち上がり顔を見合わせてにっこり。繰り返し遊んでいました。気持ちがつながり、うれしそうです。

8月 (11か月)

『おねえさんになった気持ちで』

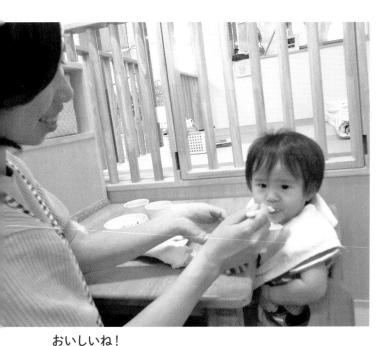

おいしいね！
なかなか食事がとれず、悩みながら過ごしていた頃が懐かしいです。イスに座って大きな口を開けて食べるようになりました。心身ともにたくましくなってきましたね。

● 保育者の思い ●

意思の力を感じて

この夏、給食を残さずに食べる日も増え、動きも活発で、元気に遊び、大きくなったなあと感じています。初めての遊びでも、「やってみよう！」「友達もいるから楽しいね」という気持ちで加わってきます。内側から湧いてくる、力強いエネルギーを感じます。

環境・援助のポイント

うれしく食べて遊ぶ生活

やってみようという気持ちが広がっています。その気持ちを保育者が敏感に察知して言葉にしたり、動きを支えたり、という援助を重ねる中で、更に意欲が高まっていきます。食事への意欲が体力と気力の充実につながっています。「うれしく食べる」生活を丁寧に積み重ねていきましょう。

わたしだってできるのよ！
もしかしてできるかな？ というところから始めた鉄棒、上手にぶら下がることができました！ 数日後、友達が始めると、「わたしだってできるのよ！」という気持ちで、張り切る姿がありました。

『気になるものを見つけると』

● 保育者の思い ●

様々な"モノ"との
出会いを大切に

身体を動かして遊ぶことを引き続き楽しみながら、気になるものを見つけると、しばしの間、じっくりと遊ぶ姿も増えてきました。指先や両手をそれぞれに使って、つまむことや出し入れすることなどに夢中になっています。様々な"モノ"との出会いを大切にしていきたいです。

歩いてるよ！

1歳になる少し前、園でも歩く姿を見せてくれました。不安定ながらもその姿はとてもたくましく、うれしさがあふれています。

ギュッとして
パクパク

カップにボールを力いっぱい押し込んで、口に運びます。アイスでしょうか？パクパクと食べるまねを繰り返し楽しんでいました。

環境・援助のポイント

日々新しい姿が見られる喜び

Bちゃんはもうすぐ1歳。一歩一歩が輝いて見えます。手指の動きも活発です。保育室の中にあるいろいろなものが遊びのきっかけになります。「カップの中にボールを押し込む」動きはとても高度です。更にそれを食べるまねをする、という動きも。日々新しい姿が見られます。それを見逃さない保育者の存在は大きいです。

『気持ちは前向き』

● 保育者の思い ●

張り切る気持ちを
受け止めて

1歳になって、ますますたくましく過ごしています。うれしそうに歩く姿は「わたしはおねえさんよ」という気持ちを表しているようにも感じます。友達の遊びにも関心があり、近くに寄っていきます。ご挨拶も上手で、バイバイをしたり、喃語でたくさんおしゃべりもしたりしています。できることが増え、うれしいのでしょうね。

すぐ立ち上がる！

歩き始めたらもう、ハイハイをほとんどしなくなり、大人から離れ、一人でうれしそうに歩き出します。バランスを崩して座っても、すぐに立ち上がり、歩き始めるパワーはすごいです。

やりたい気持ち

最近は、おもちゃを箱の中にポットンと落とす遊びに夢中です。時には、友達と一緒に入れ、その後は箱の引っ張り合いです。人との関わりが生まれてきたのですね。

環境・援助のポイント

「やりたいこと」を察知する

立ち上がったかと思うと、もう歩き出している。この1か月の成長の大きさに圧倒されます。写真からは「一人で歩く」ことを楽しんでいる気持ちが伝わってきます。ポットン落としをしている姿からも「わたしがやる」という意志を感じます。「意志をもって動きだす」ことを大事にして、それが積み重なるように見守っていきましょう。

『発見を楽しんで』

● 保育者の思い ●

ともに喜ぶ

歩くことが楽しくて、どんどん活動範囲を広げています。友達の姿をまねたり、偶然の出会いから、いろいろなことを発見して楽しんでいます。その時々の気持ちを、「あっ！ あー！」などと声に抑揚をつけて表します。Bちゃんのうれしい気持ち、楽しい気持ちに気付き、ともに喜んでいきたいです。

いいとこ見つけた！

ログハウスの段差を登り降りして出入りすることが楽しいようです。中に入ると、コトコトと響く足音もおもしろくて、足を鳴らして楽しんでいました。降りる時は慎重によく考えて身体の向きを変えて降りていました。

環境・援助のポイント

期待と共感と

活発に動き回りながら気付きを重ねています。まるで小さな研究者のように見える姿です。歩くことを楽しみながら、同時に音に気付き、音を楽しんでいます。0歳児の子どもたちは「音」に敏感です。保育者は「今日は何を見つけるのかな？」「何を楽しむかな？」という期待に満ちた目で見守り、共感しています。

いいもの見つけた！

山で遊んでいた時のこと、落ちていたクルミが偶然転がりました。それに気付き、じっと見ています。今度は自分でそばにあったクルミを手に取り転がします。その様子をじっと観察。そして、また一つ手に取っては転がして、繰り返し遊んでいました。

『一緒がうれしい』

クレヨンおもしろい！

紙などをセッティングをすると、スタスタとやって来ます。12月は、絵の具やクレヨンのお絵描きを楽しんでいました。クレヨンの色付きも濃く、力強い絵となりました。日頃から何でもやってみようとするたくましさが感じられる絵です。

● 保育者の思い ●

友達への思いを
受け止めて

絵を描く時も、友達の隣に行ったり、描く様子をのぞいたりするほど、友達と一緒にいたい、同じことをしてみたいという気持ちが芽生え始めています。バイバイと手を振ることから始まり、今では、タッチをすることも増えました。友達への関心が高まってきたのを感じます。

環境・援助のポイント

ものや人との出会いを大切に

一緒に過ごしている友達の動きは、一番の刺激になります。動きで通じ合ったり、笑い合ったりしながら、「人といるうれしさ」が蓄えられていきます。クレヨンを手にしてその手を動かすと線がつくことにも気が付いてじっと見ています。経験が重なっていきます。

ゴロンして
「いないないばあ」

人との関わりを楽しむことが増えてきました。最初は、「いないいないばあ」遊びをしていましたが、他の子が横になったら、Bちゃんも同じ姿勢に。同じことをする楽しさを味わっています。

『わたしもできるのよ』

● 保育者の思い ●

「自分で」を応援

友達への関心から、「わたしも○○してみたい」という気持ちが強くなってきました。まだ一人では難しいことも、生活や遊びの中で、「自分で」いろいろなことをしてみようとしています。その姿が次の力につながっているのだなと感じます。この意欲を大切に、支えていきたいと思います。

こうしたらどうなる？

ステンドグラスシートを重ねて貼り合わせた後、今度は一枚ずつ剥がしては貼っていました。「こんなふうにしてみたい」「こうしたらどうなるかな」と考えながら遊んでいます。

わたしも歩く！

友達の姿を見て、「わたしも歩く！」と保育者にアピールしています。歩いて散歩をする機会が増えました。大学の守衛さんとのタッチやネコとの出会いなど、道中を楽しみにしています。

環境・援助のポイント

自由に関わることで発見が生まれる

歩いて散歩に行くという姿は「成長」を実感させられる姿です。道中で出会う人やネコ、それが楽しみとなって、立ち止まったり関わったりする姿から、「出会いを楽しむ」という散歩の意味が見えてきます。ステンドグラスシートは、色合いが美しく、貼ったり剥がしたりすることができる素材です。自由に関わることがポイントです。

『友達がそばにいる』

● 保育者の思い ●

たくましさを実感する日々

卒乳してからご飯もたくさん食べるようになりました。遊び方もおねえさんらしくなり、見立てたり、友達とタッチしたり、手をつないだり、心を通わせています。「自分で」の気持ちも健在で、手伝おうとするときっぱりお断りされるほどです。これからできることがたくさん増えていくことでしょうね。

小さなお母さん

家でぬいぐるみを寝かしつけているという話を聞きましたが、園でもウサギのぬいぐるみをトントンして寝かせています。時にはだっこして歩き、小さなお母さんです。

環境・援助のポイント

成長した姿を確かめる

ハイハイからつかまり立ち、そして歩行へと成長したように、食事も卒乳へと進み、間もなく1歳児クラスへと進級する頃となりました。人形を赤ちゃんに見立ててお世話するなど「つもり」になって遊ぶ姿も出てきています。「自分で」という意志をはっきりと表して行動するなど、成長している姿を大切につないでいきたいと思います。

一緒がうれしい

友達と顔を見合わせて、手をつないでいます。二人で保育室の中を歩き回り、"一緒"をとても喜んでいました。友達と気持ちが通い合うことが「うれしい！」と感じているようです。

『楽しさが広がっていく』

● 保育者の思い ●

友達との関わりを大切に

日々の生活や遊びの中で、友達の姿を意識したり、友達との関わりを積極的に楽しむ姿が増えてきました。友達の姿を見て、新たな挑戦が始まったり、ともに遊ぶ中で互いにおもしろさが広がっていったりしています。友達の存在の大きさを感じます。これからの成長も楽しみですね。

一緒がうれしい

2人で手をつないで歩いていたら、もう1人加わり3人になりました。リードして歩いて、うれしそうなBちゃん。車を見る時も手をつないだまま座っていました。「楽しくて仕方ない」そんな三人の気持ちを感じました。

環境・援助のポイント

成長する子どもとともにいる幸せ

1人から2人、2人から3人へと、動きが重なるようになりました。その姿を「大きくなった」と見守る保育者の笑顔が、これらの姿を支えています。まさに「生命的応答」です。「眠る」というシーンが遊びになっています。「ごっこ遊び」「関わり遊び」が始まってきて、もう間もなく1歳児クラスの生活が始まります。

ねんね　ねんね

ぬいぐるみをだっこして寝かせていた姿から、友達を相手に楽しむ姿が見受けられるようになりました。「ねんね、ねんね」と口ずさみながら優しくトントンしています。この後も役割を交換して遊びが続きます。

「その時」を逃さないように

　寝返りができるようになったり、ハイハイで動き回ったり、活発に動くBちゃんですが、その瞬間「今の見てくれた？ すごいでしょ！」という思いを身体中から発しています。その時を逃さずに、熱い思いを受け止めるようにしていきます。

様々な"モノ"との出会いを大切に

　自分の周りにある"モノ"に興味をもって関わります。指先や手全体を使って、つまんだり押したりして遊びます。「あ、あ」「う！」などと、声も漏れてきます。感じて、考えて、集中して遊ぶ様子を大事に見守っていきます。

Bちゃんの
育ちを支えた
保育者の関わり

「やりたいこと」を察知する

　立ち上がったかと思うと、もう歩き出しています。1歳を過ぎた頃から、成長のスピードが加速しています。その姿を追っていると「それをやりたかったんだね」「そうしたいんだね」が見えてきます。「やりたいこと」を察知し支えることで満足感を育みたいと思います。

成長する子どもとともにいる幸せ

　3月、みんなすっかり大きくなりました。手をつないで笑い合ったり、「ねんね、ねんね」と「おやすみなさい」のイメージで遊んだりする様子を見ると、「大きくなった」を実感します。子どもたちの成長に関わり、そのすぐそばで過ごせる保育者という仕事のありがたさ、うれしさを実感します。

やろうとする気持ちを全身で表している Cちゃん の姿

　Cちゃんは生後8か月で入園しました。兄も通っていて慣れているので安心！　と思っていたら、予想を大きく覆して、大泣きのスタートでした。しばらくはそのような状態が続きましたが、5月、ハイハイで動きだすようになった頃から、「おもしろい」をたくさん見つけて楽しむようになっていきました。

　「Cちゃんだなぁ！」と思わされたのが、6月の土山での出来事です。大きい子どもたちが登ったり降りたりして遊んでいる土山を、Cちゃんはハイハイで登り始めました。しかしそう簡単に登れる斜面ではありません。途中まで登れたのに進めなくなってしまいました。斜面の途中で大声で泣き始めるCちゃん。でも登るのをやめようとはしないのです。大声で泣きながら登り続け、とうとう登り切る！　「Cちゃんってすごいね」と評判になった出来事でした。

　「どうしても登りたい」「どこへでも行きたい」という強い思いと、「こんなことできるよ」「見ててね！」という気持ちをストレートに出して過ごすCちゃんは、同じ動きを楽しみながら人と出会い、笑い合いながら親しみを膨らませていきます。1歳を過ぎた頃には、活発に言葉のやりとりを重ねながら、楽しい時間を紡いでいます。

「やりたい！」と、好奇心旺盛に人やものと関わっていくCちゃんの1年間です。

『たくさん泣いたら』

触りたい！
木の積み木を触りたくて、お座りから自分で腹ばいに。
家ではお座りで過ごすことが多かったようですが、園に
慣れるに連れて、腹ばいで遊ぶ姿も増えてきました。

● 保育者の思い ●

大泣きの4月

泣きながらも周りをよく見ていて、
気になるものを見つけると涙が止
まる瞬間がありました。きっと新し
い場所がどんなところか、安心で
きる場所か、探っていたのでしょ
う。次第に笑顔をたくさん見せて
くれるようになりました。最近は
“音”に興味津々。いろいろな音を
見つけて楽しんでいます。

あれ？
色の違う積み木をそれぞれの手に取り、振っ
てみると「コトコト」「リンリン」違う音が
聞こえてきて「あれ？」という表情。また違
う色の積み木を手に取り振って、音の違いを
繰り返し試していました。

環境・援助のポイント

ゆっくり丸ごと受け止めて！

園中にCちゃんの泣き声が響いて、朝が始まります。4月っ
てそういう感じですよね。「泣きたいよね、ママがいいものね」
と語りかけながら、受け止めていきましょう。早く泣き止ま
せようと頑張るのではなく、「何が好きかな」と思いながら過
ごしていると、気持ちが変わるきっかけが見つかるかもしれ
ません。ゆっくり丸ごと受け止めるのがポイントです。

『手を伸ばす・動きだす』

● 保育者の思い ●

元気いっぱい！

体調を崩し休んでいたので少し心配をしましたが、休み明け「覚えているよ」という表情で登園してくれました。動いていろいろなものに触って元気いっぱい。たくさん笑うようにもなりました。砂場や大学の中庭と、少しずつ遊びの経験も広がってきています。

ハイハイで動きだす！

グングン進んでおもちゃに触る姿が見られるようになりました。「動きだしたね！」と喜んでいたら、腰を上げてしっかりとしたハイハイの姿勢もできるようになりました。

環境・援助のポイント

動こうとする気持ちを大事にする

大きな声で泣いていたCちゃんですが、ここは大丈夫と思えるようになってきて、今度は意思をはっきりと示して動き回るようになってきました。不安な気持ちを「泣く」という形で表したことも、安心な気持ちになってきて「グングン動きだす」姿が見られるようになったのも、Cちゃんの強い意志が基になっています。Cちゃんの内部にある力強さを感じながら、支えていく関わりを重ねていきましょう。

手を伸ばす！

笑顔で手を伸ばしてきます。このしぐさが愛おしく、わたしたちも幸せな気持ちになります。「遊ぼうね」「一緒にいようね」とでも言っているかのようです。

『どうしても登りたい！』

● 保育者の思い ●

やりたい気持ちを支える

人や場にすっかり慣れると、周りのいろいろなことに興味をもち、好奇心旺盛に遊び出す姿が見られるようになりました。ハイハイでの探索がとても楽しくなると、今度はつかまり立ちに挑戦。目線が変わると見える景色も変わり、動くことが更に楽しくなっています。時にはできなくて泣くことも。それでもやり続ける気持ちを支えていきます。

登りたい！

思うように登れず泣きましたが、登りたい気持ちが勝り、諦めず、手足に力を入れて一歩一歩進んでいきました。たくましさを感じました。

環境・援助のポイント

土山の魅力

ハイハイで動き回るのが楽しくなってきたこの頃に、散歩先で出会った土山はとても魅力的だったようです。土山の下辺りにシートを敷き、ゆっくりそこで過ごしていると、自分から土山登りに挑戦する動きが出てきました。やってみたい、と思える場所に拠点を置くことで動きが引き出されるようです。

感触を味わって

小麦粉粘土を出すと、好奇心旺盛にやって来ました。初めはそっと触れ、少しずつ大胆に。感触を味わい、伸ばしたりちぎったりと、存分に楽しんでいました。

『どこへでも行きたい』

歩きたいな

ハイハイだけでなく、つかまり立ちをして、腰を
フリフリするかわいらしい姿も見せてくれます。
最近は、手つなぎを求め、歩こうとする姿が増え
てきました。歩きだすのも、もうすぐですね。

● 保育者の思い ●

一つひとつの歩みを
大切にして

人と別れる時にバイバイと手を振るようになっ
てきました。また目が合うと、誰にでも笑いかけ、
まるでアイドルのようです。人に対する関心の
高さがうかがえます。体を使って遊ぶようになり、
視野も広がってより一層楽しそうです。一つひ
とつの歩みをしっかりと見守りたいと思います。

環境・援助のポイント

人と関わるサイン「バイバイ」

どこへでも行こうとしたがり、ハイハイのスピードがアッ
プしてきたCちゃんが、できるようになった「バイバイ」
のサイン。小さな子に手を振られた人は皆、うれしそう
に「バイバイ」を返してくれるでしょう。「バイバイ」と
手を振れば「バイバイ」が返ってくる。その積み重ねの
中で、コミュニケーションの喜びを味わっていきます。
大事に積み重ねていきましょう。

どこへでも行ける

ハイハイのスピードが日に日にアップしています。そして、
「行きたい」と思ったら、高速であっという間に移動します。
砂場の段差の上り下りも意欲的にチャレンジするようにな
り、活発になってきました。

『こんなことできるよ！』

自分でやってみる
鉄棒に興味津々。自分でバーをつかもうと、まずは支柱を支えに立ち、片手をバーに伸ばしていきます。いろいろと考えて、身体を使っている様子が見られます。

● 保育者の思い ●

「これは何？」を見つけているのかな？

動いて遊ぶことがとても楽しくなりました。「楽しそう！」と思うことを見つけると、好奇心旺盛に挑戦していきます。その姿を見ていると、どうしたら自分でできるかをよく考えながら、身体を使っていることに気付きました。「何だろう」「やってみたい」の気持ちを大切にしていきたいです。

環境・援助のポイント

動きを受け止め応じる関わり

身近にある環境に関わり、やってみようという意思を表すCちゃんです。保育者は先回りせず、動きだしを待ちながら、やりたいと思ったことをやってみることができるように支えていきます。手作りの手押し車は、力を入れるとゆっくり動くため、0歳児クラスの子どもたちにもぴったりな遊具です。そう簡単に動かないからこそ味わえる楽しさです。大事に支えていきましょう。

ほら、できた！
園庭を探索していると手押し車を見つけました。以前から友達が遊ぶ姿を見ていたので、使い方が分かっていた様子。荷台を支えに立ち上がり、持ち手を握ると力を込めて押します。3歩押し歩くことに成功すると、うれしくて笑顔があふれました。

『見ててね！』

●保育者の思い

様々な気持ちを
表情に表して

園では慎重な姿勢を見せ、手つなぎ歩きを求めますが、家では数歩、歩いたとのこと。一人で歩きたい気持ちは、もうそこまできているのでしょう。うれしい時は満面の笑み、怒った時は口をとがらせてアピールします。様々な気持ちを表情豊かに表現できるっていいですね。

いっぱい歩く

どこにもつかまらずにスクッと立つようになりました。「見てたかしら？」とでも言いたそうな得意げな表情です。戸外では、歩きたくて、保育者の手を取り、たくさん歩いています。

歌が好きなの

『きらきら星』といえばCちゃんと言ってもいいくらいに振り付けが上手です。気持ちのこもったキラキラをしてくれます。それだけでなく、曲を鼻歌でうたっています。音程がしっかり合っているところにも驚きです。

環境・援助のポイント

表情から気持ちを受け止めて

立って歩く姿も見られるようになってきたこの頃、気持ちを表情で表しています。大好きな歌をうたったり手を動かしたり、表情豊かに過ごしています。Cちゃんの表現を受け止め、時には一緒に『きらきら星』を口ずさむなどして、楽しさを広げていく関わりを重ねていきましょう。

『世界が広がって』

● 保育者の思い ●

時々の気持ちを
受け止めて

自信をもち、しっかりと力強く歩みを進めています。友達への関心も高まり、やりとりを楽しんだり、まねをしたりして遊びが始まります。気持ちがつながると、とてもうれしそうです。自分の気持ちをしぐさや声で主張しています。その時々のいろいろな気持ちに気付き、受け止めていきたいと思います。

トンネルっておもしろい

トンネル越しに「いないいないばあ」が始まりました。目と目を合わせながら気持ちが通じてうれしそうな二人の姿がありました。顔を見合わせて、にっこり。

どんどん歩く

歩行が安定してきました。しっかりとした足取りで歩くことを楽しんでいます。初めの頃は、ハイハイで進んでいたスロープの下り坂も、歩いて下りられるようになり、うれしそうにしていました。

環境・援助のポイント

立ち上がることで
広がる世界を大事に！

歩行が安定し自分で行きたい場所に行く、という体験を重ねる中でうれしい気持ちが広がっています。戸外でも室内でもその姿は見られます。室内にあるトンネルでは、遠くに離れた相手と目が合い「いないいないばあ」のようにして笑い合う姿も出てきます。自由に動き回れる頃だからこその動きです。

『友達が見えてきた!』

● 保育者の思い ●

タッチ! がうれしい

先月から、朝や帰りの時間に挨拶のタッチをするなど、楽しそうな遊びに加わり、コミュニケーションを取ることが増えてきています。今でも引き続き楽しんでいますが、最近はそれだけにとどまらず、友達の帽子など、持ち物を渡してあげることもあります。いろいろな方法で人と関わろうとしていますね。

気持ちが通じ合う

ハイハイは、ほとんどしなくなり、歩いて生活するようになってきました。友達の存在には関心があり、コミュニケーションを取ろうとする姿には感心させられます。何だか、話し掛けているように感じます。

環境・援助のポイント

何げない出会いや関わりを受け止めて

楽しく過ごしている中で、ふと出会った友達にほほえみかけたり、動きで働きかけたりしています。お手玉を頭にのせてあげている姿からは、自分がしておもしろかったことをやってあげようという気持ちが伝わってきます。急に頭にお手玉がのったことで戸惑う姿が見られたら、間に入る必要はありますが、そうでなければ、「楽しんでいる姿」として笑顔で見守る関わりをしていきます。何げない出会いや関わりを受け止めていきましょう。

のせてあげるね

お手玉を頭の上にのせて落とすという行為が楽しくて遊び始めました。自分が楽しいと思った遊びは、友達にもやってみたくなるようで、お手玉をのせてあげていました。

12月
（1歳4か月）

『いろいろなことをしたい！』

自分でやりたい！

着替えた服を自分でしまおうとロッカーに運びます。使用したものを入れる袋を見つけて取り出すと、「開けて」というように保育者に差し出しました。開けてもらい、自分で入れて一緒にロッカーに戻しました。自分でできることがとてもうれしそうです。

環境・援助のポイント

「しぐさ」から思いや声を聞き取る

「こうやりたい」や「手伝って」など、自分の思いや意思をまだ言葉では伝えきれない子どもたちです。だからこそ、子どもの表情やしぐさ、時折聞こえるつぶやきから、思いや意思を聞き取り、「○○したいのね？」と声をかけていきます。自分の思いが伝わり、やりたいことに取り組めた喜びが次の意欲につながっていきます。「しぐさ」に注目し、聞き取る援助を重ねていきましょう。

● 保育者の思い ●

やろうとする気持ちが大事

保育者や友達の姿を見て、同じように遊びが始まったり、ガーゼや服を自分でしまおうとしたり、降園時の友達の支度を手伝おうとしたりと、周りをよく見ていて、自分でしてみたいという気持ちがたくさん見受けられました。「自分でできてうれしい」そんな気持ちを感じます。

きれいだね

イチョウの落ち葉をたくさん見つけました。初めての場所に最初は慎重ながらも、すぐに慣れていきました。落ち葉を両手いっぱいに持つと、「ぱぁ!!」とうれしそうに声を上げて、まき散らして遊びます。それがとてもおもしろくて、イチョウの葉を見つける度に、同じようにして遊んでいました。

『おねえさんなの』

張り切る気持ちを
受け止めて

以前は鼻歌でしたが、最近は歌詞を口ずさむようになりました。散歩では、大学南門の守衛さんにタッチをして挨拶を交わし、保育者と手をつないで歩くようになりました。そして今でも友達に届け物をしている毎日です。気持ちはすっかりおねえさん。自信に満ちあふれた姿、輝いています。

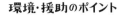

絵本、見せてあげるね

『ととけっこう よがあけた』（こぐま社）の歌声は音程もしっかりしていて感心してしまいます。いつもは保育者の膝の上に座り、絵本を開いて歌いますが、この日は保育者がするように自分で開いていました。友達に読み聞かせているつもりでしょうか。

ポケットにいっぱい

石のように硬くなった土の塊を、広場で拾うことが好きで、大事にポケットにしまい、持ち帰る日々です。次の日、取り出して「はいっ」と渡してくれました。そして、また拾いに行くのです。

環境・援助のポイント

保育者がするようにしていることに驚く

子どもたちがすることを見ていて、自分がしていることをそのまましていることに気付いてハッとすることはありませんか。そばにいる大人のしていることを、全部吸収していく子どもたちです。その意味に気付き、自分の行ないを時に振り返り、見直していく関わりを大切にしていきましょう。

『言葉のやりとりが楽しい』

● 保育者の思い ●

気持ちが発話に
つながっている

お気に入りの絵本を繰り返し読んで
もらいながら、一緒に言葉をつぶや
いたり、ものの名前が分かったり、
友達の名前を覚えて呼びかけたり、
言葉での表現が増えました。友達と
の関わりもより楽しくなってきてい
ます。うれしい、楽しい気持ちがま
た発語へとつながっていくのだなと
感じます。

もういいかい

『うずらちゃんのかくれんぼ』（福音館書店）を見ていて「もういいかい」の場
面になると手で顔を隠して「みーつけた！」の場面では一緒に言葉をつぶや
きます。同じようなしぐさをしたり言葉をつぶやいたりして楽しんでいます。

一緒に歩く

Bちゃんと手をつなぎリードして歩くCちゃん。保育室をぐるっと歩きな
がら、Cちゃんが「はい！」とおもちゃを差し出すと、Bちゃんは首を振
りながら「あ！」と答えました。それを見て、Cちゃんは「はい！」と
別のおもちゃを差し出しています。そんなやりとりを繰り返していました。

環境・援助のポイント

おしゃべりしたい気持ちを
受け止めて過ごす

絵本を見る時間は子どもたちが大好きな時
間の一つです。繰り返し読む中でお気に入
りの本やシーンができてきます。かくれん
ぼのシーンで手で顔を隠している姿からお
話の世界に入り込んでいる様子が分かりま
す。同じ本を見て同じ気持ちになったり、
手をつないで歩きながらおしゃべりをした
り、大事にしたい姿です。

『友達と一緒に』

● 保育者の思い ●

大きくなった！を実感

大人が話す言葉も理解してくれるようになりました。話すと「うん」と笑顔で返事し、行動に移します。楽しいことは思い切り笑って楽しみ、友達と遊ぶ姿が増えました。「違う！」と思ったことは、はっきりと意思表示もし、Ｃちゃんらしく過ごしています。この１年でとても大きくなりましたね。

頑張る！

夏頃から手押し車を押すことは好きでしたが、いつの日からか、友達をのせて押して歩くようになりました。全身の力を使って押す姿はたくましいです。やってほしいという友達の気持ちをくみ取り、押してくれました。

手をつなぐのうれしいな

先月、Ｂちゃんと手をつないで歩く場面がありました。この日も最初は２人でしたが、Ｄちゃんが手を差し出すとＣちゃんが手をつないでくれて、３人になりました。

環境・援助のポイント

大きくなったね！

４月からの日々の中でしっかり成長しました。友達が乗った手押し車を全力で押そうとする姿から「大きくなった」の声が響いてきます。体の力だけでなく、心の力も大きくなって、４月には１歳児クラスに進級です。ゆっくりしっかり育つ日々をこれからも大切に積み重ねましょう。

Cちゃんの
育ちを支えた
保育者の関わり

動こうとする気持ちを大事にする

　大声で泣くことから園生活を始めたCちゃんですが、「ここは大丈夫」と分かると、やりたいことをはっきりと表現するようになってきました。「やりたい気持ち」「動こうとする意思」のようなものが、全身にみなぎっています。Cちゃんを見ていると、「大きな声で泣くことができる」ということは、パワフルでとてもすばらしいことだと気付かされます。

動きを受け止め応じる関わり

　やりたいことをやりたいようにして、機嫌良く過ごしている子どもたちは、踊るように歩いたり、ふんふんと鼻歌を口ずさんだりします。Cちゃんもよく歌をうたいます。手をキラキラさせながら歌ったり、もう一回を楽しんだり、Cちゃんの周りには楽しさが広がっていきます。保育者は、Cちゃんのしぐさや表情から、Cちゃんの思いを受け止め、応じる関わりを重ねていきます。

おしゃべりしたい気持ちを受け止めて

　おしゃべりが楽しくなったCちゃん。絵本も大好きで、お気に入りのシーンを再現して遊ぶ姿も見られます。絵本に親しむ生活を重ねる中で、蓄積されたものがあるようです。手をつなぐことも大好きで、気が付けば両方の手を誰かとつなぎ、3人で歩く！という難易度の高い技にも挑戦していました。

保護者との往復書簡

　ポートフォリオでは子どもたちの姿を写真とエピソードで記録し、そこに保育者の思いを寄せて、一枚の紙にまとめます。保護者からのひと言が記入できるスペースを空けておき、保護者に手渡すと、数日後そこに言葉が寄せられて戻ってきます。

　そこには、お子さんへの言葉もあれば、保育者への言葉、家での様子を教えてくれる言葉などがつづられています。保育者は、その言葉をうれしく読み、「おうちではそんな感じなんですね」などと語り合いが始まります。語り合いのきっかけになる、という良さをかみ締めながら、ポートフォリオを作り続けている保育者たちなのでした。

　3人の子どもたちのポートフォリオに刻まれた往復書簡のいくつかを紹介します。

A児の保護者とのやりとり

8月 『ぼく、こんなことできるんだよね！』をめぐって

担任から

　楽しいこと、やってみたいことが増えて、ますます活発になってきました。
　また、「いないいないばあ」など、人とのコミュニケーションを楽しんでいます。言葉を理解し、隠れたり見えたりするおもしろさや、期待する気持ちなど、様々な感情が芽生えてきたのでしょうね。

保護者から

　ものを受け取ったり渡したり、コミュニケーションをとれることが多くなり、うれしい気持ちにしてくれます。姉のおもちゃをいじったり髪を引っ張ったりしてたまにトラブルを起こしてくれますが、互いに興味をもち、仲良くしてくれているので安心しています。次は話すか歩くか、成長が楽しみです。

このやりとりから感じられること
「いないいないばあ」を楽しんでいるA児の様子と、家庭でのおねえさんとの関わりがつながっています。A児の姿を「コミュニケーションを楽しんでいる」と捉えるまなざしが、共通になっています。少しずつ成長してきている姿に喜びを感じることの大切さを思います。

10月 『興味が広がる時』をめぐって

担任から

その時々の感情を、表情やしぐさ、声のトーンで表しています。今月で1歳を迎え、一人でスクッと立ち上がることも増えました。友達と一緒にいる楽しさも感じ始めています。今後の遊びの広がりをともに楽しんでいきたいと思います。

保護者から

（ポートフォリオの写真を見て）姉も箱に入っては、キャッキャッと楽しんでいたことを思い出しました。箱を指さして欲しいものを教えてくれたり、食べたくない時は徹底して逃げたり、楽しいコミュニケーションがとれるようになってうれしいです。

このやりとりから感じられること

紹介されたエピソードを読みながら「上の子も同じことを楽しんでいた」と思い出しています。ポートフォリオを見る時間が、以前の子育ての記憶を懐かしく思い出すきっかけになったことが分かります。また、家での様子も詳しく記載してくださっていて、Aちゃんを理解する引き出しが増えていくことにつながっていきます。

3月 『ぼくもできるよ!』をめぐって

担任から

友達の姿から、今度は「ぼくもしてみよう」という姿が増えてきました。身体を使って遊ぶことも楽しくて、大きなものを持ってみたり、登り降りや丸太にまたがり前進したりと挑戦を楽しんでいます。いろいろなことをしてみたい気持ちに満ち、行動していく姿に大きくなった姿を感じます。

保護者から

今年度の息子は、姉に追い付くために努力、ママにたっぷり甘え、パパにお叱りの指導を受け、園の環境に恵まれたおかげで、大きく成長できました。
来年度も真ん中の写真（誌面では左中段）のように意思をもち、日々努力していってくれたらうれしいです。

このやりとりから感じられること

3月は節目の月です。この一年の成長を振り返り、喜びに包まれる月でもあります。特に0歳児クラスでは1年間の成長が著しく、その軌跡がポートフォリオに刻まれているので、何度も読み返しては、喜びに包まれるということがあるようです。子どもを真ん中にして、保護者と保育者が喜び合う、うれしいやりとりです。

B児の保護者とのやりとり

7月 『いろいろな気持ちを表して』をめぐって

担任から

初めての物事にも興味津々！意欲的に遊んでいくBちゃん。拍手をしたり、バイバイしたりしています。「○○したい」などの意思も声やしぐさ、表情などで示してくれます。気持ちが受け止められる心地良さ、人と気持ちがつながる心地良さ、そんな積み重ねを大切にしていきたいです。

保護者から

少し上のものを見たい時にはつかまり立ちをし、少し長い距離を早く動きたい時にはハイハイをし、上手に使い分けて自分の興味のある方向へ動いています。7月には初のボールプールと海を経験し、堂々とした姿（果敢に攻める積極的な姿）に頼もしさを感じました。

このやりとりから感じられること

Bちゃんは第2子。たくましく育っています。保護者からのコメントでも、つかまり立ちとハイハイを上手に使い分けて「自分のやりたいこと」を実現している様子がうかがえます。その姿にたくましさを感じているまなざしは、保護者と保育者に共通しています。

10月 『気持ちは前向き』をめぐって

担任から

ますますたくましく育っているBちゃん。うれしそうに歩く姿は「わたしはおねえさんよ」という気持ちを表しているようにも感じます。

友達の遊びにも関心があり、近くに寄っていきます。ご挨拶も上手で、バイバイをしたり、喃語でたくさんおしゃべりもしたりしています。できることが増え、うれしいのでしょうね。

保護者から

1か月前には5、6歩のおぼつかない足取りでしたが、ハイハイを見ることが少なくなったことが寂しいくらいに、気付くとスタスタと歩いています。自分の行きたい方向に歩き、世界が広がっています。

ご飯中は食べたいものを「ん」と指さして表現。「あれ！」「そうじゃない！」と意思をしっかり伝えてくれます。家族中、Bちゃんの指さしに振り回されて楽しい時間を過ごしています。

このやりとりから感じられること

10月、更に意思をはっきり出して過ごしている様子が園でも家庭でも見られることが分かります。Bちゃんが指さしで食べたいものを伝えているという家庭での食事の様子が、とてもよく伝わってきて、思わず笑ってしまいます。自分の思いを受け止められることで、安心して自分の意思を表しているということが分かります。

2月　『友達がそばにいる』をめぐって

担任から

卒乳してからご飯もたくさん食べるようになりましたね。遊び方もおねえさんらしくなり、見立てたり、友達とタッチしたり、手をつないだり、心を通わせています。「自分で」の気持ちも健在で、手伝おうとするときっぱりお断りされるほどです。これからもできることがたくさん増えていくことでしょうね。

保護者から

日々の食欲旺盛さに驚く毎日ですが、「あーうー」と『きらきら星』のリズムに合わせて一緒に踊ったり歌ったり。身体をいっぱい動かして声もたくさん出るようになりました。言葉も徐々に増え、「ママ」「パパ」「ちゃちゃ」「にいに」の次に覚えたのが「いたい」でした。なかなか難しい発音だと思いますが、活発ゆえにバランスを崩して転ぶことも多く必然的に覚えたのかなと思います。兄弟げんかの時にも「いたい！」を使っています。

このやりとりから感じられること

卒乳は成長の大きな節目になります。その時をきっかけとして成長した様子を保護者に伝えることで、保護者もまた成長を実感することができています。増えてきた言葉にも注目して、記録してくれています。新しく登場した「いたい！」の言葉をめぐって、その理由を考えてくださっている言葉にふれながら、園の中ではどうかな、と見直す機会にもなりました。

C児の保護者とのやりとり

5月　『手を伸ばす・動きだす』をめぐって

担任から

体調を崩し休んでいたので少し心配をしましたが、休み明け「覚えているよ」という表情で登園してくれました。動けるようになったことはもちろん、たくさん笑うようにもなりました。砂場や中庭と、少しずつ遊びの経験も広がってきています。

保護者から

本当にたくさん動くようになって、しゃべったり笑ったり、表情も豊かになりました。
家でのお気に入りは、おもちゃの太鼓です。手やバチでポコポコたたいて楽しそうです。

このやりとりから感じられること

4月は大泣きだったCちゃんだけに、体調を崩して休んだ後の登園はどうかな、と心配しましたが、とても元気に過ごせた5月でした。その様子を聞いて、保護者からも「表情が豊かになりました」という言葉が寄せられました。まだまだ不安な様子が見られるCちゃんですが「だんだん慣れてきましたね」という言葉が交わされると、それだけで安心感が広がるようです。

12月 『いろいろなことをしたい！』をめぐって

担任から

　保育者や友達の姿を見て、同じように遊びが始まったり、ガーゼや服を自分でしまおうとしたり、降園時の友達の支度を手伝おうとしたりなど、自分でしてみたい、お世話をしたい気持ちがたくさん見られます。「自分でできてうれしい」そんな気持ちを感じます。

保護者から

　どんどん自分でやりたい気持ちが育ってきています。兄や姉を見て「できそう」と思うのか、家でも箱を開けてみたり、冷蔵庫の野菜室を開けてミカンを食べていたり。危険がなければ、どんどんやらせています。

このやりとりから感じられること

たくましさがどんどん増してきているCちゃん。園でガーゼや服を自分でしまおうとする姿と、家庭で冷蔵庫の野菜室からミカンを取り出して食べている姿は、とてもよく似ています。Cちゃんの姿からは、「わたし、できるもん！」という声が聞こえてくるようです。その姿を大事に思って見守るまなざしが、保護者と保育者に共通している、それがとても大事だと思います。

2月 『言葉のやりとりが楽しい』をめぐって

担任から

　お気に入りのかくれんぼの絵本を繰り返し読んでもらいながら、一緒に言葉をつぶやいたり、ものの名前が分かったり、友達の名前を覚えて呼びかけたり、言葉での表現が増えました。友達との関わりもより楽しくなってきています。うれしい、楽しい気持ちがまた発語へつながっていくのだなと感じます。

保護者から

　家でたまに目を隠しながら「イーチ、ニーサン」と数えていることがあるのですが、かくれんぼの絵本の一節からなのですね。本当に絵本が大好きです。知っている果物などが絵本に出てくると、「ミカン！」「リンゴ！」「バナナ！」とハイテンションです。

このやりとりから感じられること

ポートフォリオの中で、Bちゃんが好きな本の題名を紹介したことで、家で見かけた姿の訳が分かるきっかけになったようです。子どもたちは園と家庭を行き来し、そのどちらでも自分らしく過ごしています。だからこそ、保護者と保育者が情報を共有することで、子どもたちが楽しんでいることを理解することにつながっていくことが分かります。

相手を想う気持ちを大切に…

　3人のポートフォリオの保護者からのメッセージについて、そのいくつかを紹介しました。保育者の言葉や紹介した遊びの様子を受けて、共感的なメッセージを送ってくださっていることに、とても励まされる気持ちになりました。保育者は保護者の言葉を大切に受け止めて、更に言葉を返していくことで、子どもたちへ向けるまなざしの共有は進んでいきます。保護者との往復書簡において、大切にしたいのは「相手を想う気持ち」です。子どもや保護者のことを思いながら、発信していきたいと思います。

成長していく子どもたち

　3人の子どもたちの0歳児クラスでの姿を紹介しました。6名の子どもたちで過ごした0歳児クラスの生活を経て、1歳児クラスでは10名、2歳児クラスでは11名、3歳児クラス以降は22名の仲間と過ごしました。いろいろな経験を重ねて成長していく子どもたちの様子を紹介します。

※本書執筆時、3人の子どもたちは4歳児クラス

1歳児クラス

それぞれのペースで動きだす

　1歳児クラスになって行動範囲が広がり、自分の思いの表し方も明確になっていきました。0歳児クラスで大切に育まれたことを基盤としながら、動きだしていく子どもたちの姿です。

安心できる場所が大事なAちゃん

　クレヨン遊びを楽しんでいた紙の上に座って自分の足にシールを貼っていたり、ままごとコーナーで自分の膝に人形をのせて優しく抱いたりと、「安心できる場所」でゆっくり過ごすことで情緒が安定していきました。園庭でBちゃんをのせて笑顔で台車を押す姿は元気いっぱいです。

Aちゃんの中でつながる育ち

座っているシートから手を伸ばしてゆっくり動きだした0歳児の頃の姿と、紙の上に座り自分の足にシールを貼る姿はつながっています。安心できる場所があることの大切さです。

力持ちで働き者のCちゃん

　園庭で見かけたCちゃんの姿です。たくさんのバケツを台車にのせたり、両手に持ったりして運んでいます。「これをやろう！」と思ったことは自分の力でやり遂げます。

　意思の強さをいろいろな場面で発揮していました。

Cちゃんの中でつながる育ち　やろうとする気持ちを全身で表していたCちゃん。ハイハイで登り始めて土の山を泣きながら登り続けた姿が印象的でした。たくさんのバケツを抱え、全身で台車を押す姿に育ちがつながっていることが感じられます。

自分のやりたいこと

2歳児クラスになって、できること、やってみたいことも広がっていきます。
自分の意思をしっかりと表して行動する子どもたちと、それを大切に受け止める保育者。
関わり合いの中で見かけた姿です。

袋にいっぱいの
砂を入れるBちゃん

　ビニール袋に砂をいっぱい入れてうれしそうに持ち上げたとたん、袋が傾いて砂がこぼれてしまいました。

　袋の中にはまだ半分くらいの砂が残っていましたが、Bちゃんは何の迷いもなく、袋を逆さまにして砂を全部出してもう一度初めからやり直しました。その姿に保育者は少し驚きながらも、Bちゃんが砂を入れる手伝いをしました。しばらくして砂が袋いっぱいに入り、Bちゃんは大事にその袋を持ち上げたのでした。

Bちゃんの中でつながる育ち
半分こぼれてしまった砂を袋から全部出して初めからやり直す姿に、0歳児の頃の姿が重なって見えます。意思の強さと行動力が感じられます。

新しい環境を感じながら自分らしくいる

1階の保育室から2階の保育室へ。クラスの人数も多くなり新しい出会いがある3歳児クラス。
ドキドキワクワクの日々がスタートしました。

安心できる場所を見つけて
遊びだすAちゃん

　3歳児クラスから2階で過ごします。そこは、3〜5歳までの子どもたち66名が一緒に過ごすオープンスペース。クラスごとの拠点はありますが、中でもAちゃんがよりどころとしたのは、大型積み木を並べて作った台のようなところでした。

　そこには積み木やブロックなどのおもちゃがあり、ゆっくり遊んでいると異年齢のいろいろな子がやって来ます。

　同じ楽しさを感じる同士が出会って過ごす、この時間の中で安心して遊びだすようになっていったように思います。

Aちゃんの中でつながる育ち
安心できる居場所があることがとても大事ということは、3歳児クラスになっても続いています。それがAちゃんのトレードマークのようです。

じーっと見て感じて
手を伸ばすBちゃん

　園には、用務員のSさんお手製の遊具がいろいろあります。中でも子どもたちが好きなのは、風を受けて中に入れたものがフワーッと舞い上がることを楽しめる「風のデバイス」です。

　Bちゃんは、0歳児クラスの頃から「おや？」と思うものと出会うとかなり長い時間じっと見る、という行為を重ねてきました。それは3歳児になっても続いています。

Bちゃんの中でつながる育ち
「じっと見ること」「見ることで自分の中に何かをため込むこと」。その時間はBちゃんのものです。ため込むことと、動きだすこと。その二つはつながっています。

なんだか楽しそうに描いています！

Cちゃんの中でつながる育ち
「泣く」と「やりたいことをする」の両方の形で自分を表しています。
その強さはずっとつながっています。

泣いて笑って、
楽しくてたまらないCちゃん

　3歳児クラスに進級当初、Cちゃんの泣き声が響くと5歳児クラスにいる姉が駆けつけてくれました。3～5歳児はワンフロアで過ごしており、自由に行き来できるのです。

　少しすると、今度はCちゃんの方から5歳児クラスのところへ行く姿がよく見られるようになりました。保育者たちは、その姿をほほえましく見ていましたが、「あまり頻繁だとおねえちゃんも困る！」というCちゃんの思いもあって、保育者が「今は自分のクラスに行こうね」と伝える「Cちゃん独り立ち大作戦！」が発動していました。

　そのような日々を重ねながら、「わたしはわたし」という思いを強くしていったのでしょうか。楽しそうな笑顔や、「○○してるの！」と自分の考えをはっきりと言う姿にふれることが多くなりました。

自分らしさを存分に発揮して輝く!

2階スペースでの生活にも慣れ、それぞれにやりたいことに生き生きと取り組んでいます。
1月には「表現遊びの会」として、それぞれに夢中になって取り組んでいることを、
保護者に見てもらう機会をつくりました。その頃の様子を紹介します。
つながってきた育ちに広がりが見えてきます。

Aちゃん、忍者になる!

乳児クラスの頃から一緒の友達と遊ぶことが多かったAちゃんですが、忍者遊びを通して仲間がどんどん広がってきました。

仲間たちといろいろな修行（身体を動かす遊び）に毎日励み、室内では忍者屋敷をみんなで作るとそこが拠点となり、その中に中型積み木で作った隠れ場所が特にお気に入りの様子でした。

敵の忍者と戦う時には「みんな!今度こそやっつけるぞ! エイエイオー!」と言うAちゃんの提案で大盛り上がりでした。

Aちゃんの中で広がる育ち

「忍者になる」というイメージと、それを一緒に楽しむ仲間がいることで生き生きと遊びを楽しんでいます。「忍者屋敷」という居場所を拠点としながら外に飛び出して遊ぶ姿に「広がる育ち」を感じます。

上／忍者の修行：ゴムに触らないように潜る修行中
下／グラウンドで：敵の忍者との追いかけっこ。にらみ合い。

イスを並べてバレエを見せる劇場を作りました。床に白い
ビニール袋を貼っているのは、氷の池を表現しています。

4歳児 クラス

Bちゃん、バレリーナになる!

バレエ「白鳥の湖」の白鳥になり切っています。

うれしい場面では体を大きく広げて使い、悲しい場面では背中を小さく丸めて表現をしていました。

自分が出ていない時にも、友達に登場するタイミングを知らせたり、小道具を持って舞台袖で渡したりと大活躍でした。

Bちゃんの中で広がる育ち　「バレエをしたい」という一人の子どもの思いから始まり仲間が増えていきました。「見る」ことから始まり「やってみる」、そして、こんなに伸びやかに踊っています。すてきです。

Cちゃん、お茶会を企画する

「静岡県で摘んだお茶をみんなにも分けてあげたい」と、家から茶葉を持って来たCちゃん。保育者と一緒に紙芝居を作って、みんなが集まった時にそれを見せながら、静岡での体験をみんなに話したり、お茶を振る舞ったりしてくれました。

この体験がとてもうれしくて、「友達とまたお茶会を開こう!」と盛り上がり、家でポスターを書いてきました。ポスターの最後には「おかあさんもおとうさんものめますよ」と書いてあります。保護者も来られるようにと考えて、時間を16時20分から16時37分頃に設定しています。

ポスターをよく見てみると「うすめ　こいめ　どっちでもいい」「おいしい」などの言葉が目に飛び込んできます。実際にお茶会をした時の経験が心に残っていることがよく分かります。保育者はCちゃんの行動力や企画力に驚きながら、すてきだな、という気持ちでお茶会を支えていました。

Cちゃんの中で広がる育ち

Cちゃんの家は家庭菜園を持っていて、そこで収穫した野菜を園に持って来てくれることがあり、それをおいしく調理してみんなで食べてきました。そんな経験が「お茶を分けてあげたい」という思いを引き出しています。いよいよポスターまで作ってきたCちゃんの行動力と企画力に、保育者たちは驚かされつつ、喜びに包まれながら、お湯を沸かしたりカップを用意したりする手伝いをしたのでした。

0歳児クラスの年間指導計画

一人ひとりに応じたきめ細やかな0歳児の保育。その基盤になるのが「年間指導計画」です。
教育と養護の視点に立ち、子どもの姿に応じた保育の展開、保護者支援などに取り組む指針となります。

年間目標	●保育者に安心感を抱き、よく食べ、よく眠り、よく遊んで心地良く過ごす。 ●ゆったりとした雰囲気の中で、見る、聞く、触れるなどの経験を通して周囲の人やものへの興味や関心を広げる。		
	1期（4月～5月）		**2期（6月～8月）**
期の ねらい	●特定の保育者に要求や気持ちを受け止めてもらいながら、安心して過ごす。 ●環境に慣れ、一人ひとりの生活リズムで過ごす。 ●保育者とふれあいながら育ちに合った遊びをする。		●保育者との安定した関係の中、安定した生活リズムで過ごす。（食事・睡眠・排泄） ●体調に合わせて沐浴や湯遊びをして、健康的に気持ち良く過ごす。 ●保育者に見守られながら好きな遊びをする。
養護	●新しい環境の中で人や場所に慣れ、安心して過ごせるようにする。 ●担当保育者がやさしく語りかけたり泣き声などに答えたりしながら要求や気持ちを丁寧に受け止めていくことで、情緒の安定を図る。 ●室温、湿度を調節し、水分補給をこまめに行なう。 ●汗を拭いたり沐浴を行ない、清潔を保つ。		●要求や欲求を受け止め、安心して自分の気持ちが出せるようにする。 ●危険のないよう安全なところで十分に活動できるようにする。
	6～8か月	**9～10か月**	**11～12か月**
子どもの 姿	●1日2回食になる。スプーンに向かって口を構え、唇をスプーンの上にうまくかぶせる。舌でつぶして食べる。 ●少量ならコップで飲める。固形のものが食べられる。 ●オムツ交換時に足を動かしたり声をあげたりする。 ●お座りして横のものが取れる。はうようにして手足をバタバタする。おなかを中心に方向転換する。ずりばい。 ●おもちゃを片手でつかみ自分で振る。手に持ったおもちゃを持ち替える。音の鳴るおもちゃを喜ぶ。おもちゃを噛んだりしゃぶったりする。 ●鏡の中の自分に興味を示す。 ●欲求を身振りや声で表す。 ●顔見知りの大人を探す。人見知りが激しくなる。	●離乳後期へ移行（ミルクの量が減って食事が主になる） ●スプーンに向かってはっきり口を開け、下唇を引きながら飲み込む。 ●睡眠時間が安定する。 ●オムツを汚すと替えてもらいたくて騒ぐ。 ●腹ばいにすると手と膝を用いて体を支える。 ●ハイハイをする。 ●つかまり立ちをする。 ●両手にものを持ち打ち合わせて遊ぶ。 ●小さいものを指先でつまもうとする。 ●何でも口に持っていき、それを噛んでみる。 ●絵本のページをめくったり絵を指し、「あっあっ」と訴える。 ●喃語が盛んになる。 ●人見知りをしたり保育者や親の後追いをする。 ●歌を楽しんで聞いたり、歌やリズムに合わせて手足や体を動かしたりする。	●1日3回食になる。歯茎で食べ物をつぶす。 ●自分で食べたがり、手伝おうとするといやがる。好き嫌いが出てくる。 ●衣服を着せると進んで袖に腕を通し、ズボンに足を通そうとする。 ●ハイハイをして行動範囲が広がる。 ●柵につかまって一人で立ったり座ったりする。 ●伝い歩きをする。 ●ものを容器に出し入れして遊ぶ。 ●おもちゃをたたいて遊ぶ。 ●紙を剥がしたり破ったりする。 ●動くものに興味を示す。 ●名前を呼ばれると返事をする。 ●要求を動作や言葉で言う。片言が出てくる。 ●保育者の簡単な動きをまねする。 ●いないいないばあをして遊ぶのを好む。
保育の 内容	●戸外に出て外気に触れ、心地良さを感じる。 ●保育者の声かけに応じて発声したり笑ったりする。 ●個々に合った動き（寝返り、はう、つかまり立ちなど）で安全な環境の中、体を動かす。 ●保育者と一緒に身近な自然に触れる。 ●興味のあるものに手を伸ばして触ろうとしたり、好きな場所に移動しようと体を動かしたりする。 ●保育者と一緒にふれあい遊びやわらべうたを楽しむ。		●水の感触を楽しみ、興味をもって遊ぶ。 ●様々な体の動きを楽しむ。 ●簡単なまねややりとりを楽しむ。 ●保育者と一緒に身近な自然物を見たり触れたりする。 ●歌やリズムに合わせて体を動かすことを楽しむ。 ●簡単な言葉が出てくる。
保護者 支援	●園と家庭で一日の生活リズムや子どもの様子を共有し、保護者が安心感をもてるようにする。 ●保護者の不安や心配事を受け止め、丁寧に対応する。 ●梅雨期の感染症や衛生面、夏に流行しやすいとびひや病気の症状、予防法などついて知らせ、体調管理に気を付けていく。		●送迎時や連絡帳、保護者会を通して子どもの姿を伝え合いながら、子どもの成長をともに喜び合っていく。 ●夏祭りが親子で楽しい時間を過ごせる場になるようにする。

3期（9月〜12月）	4期（1月〜3月）
●ハイハイや歩行で自由に移動しながら、いろいろなものにふれて興味をもち探索活動を行なう。 ●戸外で自然にふれたり、発達に合った全身運動を十分に楽しんだりする。 ●聞く、見る、ふれるなどの経験や、保育者とのやりとりを通して、自己表現を活発にする。	●安心できる保育者との関わりの中で、自分の思いや欲求を十分に表す。 ●保育者や友達と一緒に過ごすことを喜び、やりとりを楽しむ。 ●戸外で自然に触れながら体を動かして遊び、室内では好きな遊びをじっくり楽しむ。
●気温差に留意しながら、健康状態を把握し衣服の調節をする。薄着で過ごせるようにしていく。 ●興味や欲求に応じた探索活動ができるよう、安全で活動しやすい環境をつくる。 ●喃語を丁寧に受け止め、やりとりを楽しめるようにしていく。	●室温、湿度をこまめに調節したり室内やおもちゃの消毒をこまめに行ない、感染症予防に努める。 ●十分に自己発揮できるように、いろいろな感情をしっかりと受け止めていく。 ●身の回りのことに興味をもちやってみようとする気持ちを大切にしていく。

1歳1〜2か月	1歳3〜6か月	1歳6か月〜2歳未満
●完了食。口が上下左右によく動き、咀嚼する。手づかみやスプーンで食べようとする。コップを自分で持とうとする。保育者と一緒に食事前後の挨拶をする。 ●一人で立ち上がる。1、2歩歩く。腕をあげてバランスをとって歩く。 ●四つんばいで段差を上る。 ●クレヨンを持って描く。 ●積み木などを打ち、積み、並べる。 ●出し入れする遊びを楽しむ。型はめ、引っ張り出す。 ●ワンワン、マンマ、ブーブー、バイバイなど簡単な動作と言葉が一致する。バイバイをする。 ●目、耳、口など体の部位を言われて指さす。 ●興味あるものを見つけると教える。 ●困ったことに出会うと泣く。 ●褒められると得意そうな表情をする。	●前歯でかじり取りができる。 ●コップで連続飲みができる。 ●おしぼりで口や顔を拭こうとする。 ●尿意を感じた時に意思表示をするようになる。 ●歩行が確立する。早く歩き、ぎこちなく走る。 ●箱を押して歩いたり、トンネルくぐりをして遊ぶ。 ●またぐ、もぐる、投げる ●テープを剥がして遊ぶ。 ●言葉と行動が結びつき喃語が意味のある言葉になっていく。 ●ねんね、ちょうだい、おいでなどの簡単な言葉が分かるようになる。オウム返しに片言が言える。 ●友達の名前が分かる。泣いている子の頭をなでる。おもちゃを取り合う。	●口の中で食べ物を動かしながら奥の方へ持って行く。コップを両手に持って一人で飲む。食事の用意ができるのを待ち、促されて食卓につく。舌の上の食べ物を左右へ分けて奥歯を使って噛む。 ●排せつをトイレでする。 ●オムツが濡れると伝えに来る。 ●パンツやズボンの脱ぎ履きに興味をもち、やろうとする。 ●歩行が安定してくる。手で調子をとりながら小走りする。 ●しゃがむことができる。 ●階段を一段ずつのぼって足をそろえる。それを繰り返して昇降できる。 ●行ったり戻ったりと方向転換の行動ができる。 ●台の上から飛び降りる。 ●つま先立ちをする。 ●簡単な指示が分かる子、指示に従って行動する。 ●自分より小さい子、大きい子の区別ができ、違った態度をとる。 ●友達や保育者など身近な人の名前が分かり、呼んだり指さしたりする。 ●知っているものを指さし、名前を言う。
●ハイハイや歩行などで好きな場所やもの、人に向かって体を動かし、探索活動を楽しむ。 ●斜面の登り下り、よじ登る、くぐる、押す、引くなど様々な動きをして遊ぶ。 ●泣く、笑うなどの表情の変化や身振り、簡単な言葉などで自分の要求を伝えようとしたり、やりとりを楽しむ。 ●指先を使って遊ぶ。		●身の回りのことに興味を持ち、やってみようとする。 ●好きな遊びをじっくり楽しむ。 ●戸外の広い場所で体を動かしたり、探索活動を十分にする。 ●ままごとや人形の世話など模倣遊びを楽しむ。 ●友達がやっていることやその場に興味をもつ。友達やふれあったり、やりとりすることを喜ぶ。 ●いろいろな素材に触れ、感触遊びを楽しむ。 ●歌や手遊びを喜び、保育者と一緒に歌ったり手を動かしたりする。
●個々の健康状態を把握し、個々の生活リズムで無理なく健康に過ごせるようにする。 ●個人面談を通して家庭での様子と園での姿や遊びの様子を伝え合い、子どもにとって望ましい方向をともに目指せるようにしていく。 ●親子遊びの会が子どもの成長をともに喜び合える機会となるようにする。		●厚着になり過ぎないように伝え、調節しやすい衣服を用意してもらう。 ●懇談会では子どもの成長の過程を喜び合い、今後の見通しがもてるように話していく。

3章 0歳児保育での悩み ~ Q & A ~

Q 保育中に体調不良となった場合の保護者対応を教えてください

A 安心と信頼が得られるような保護者対応を

　入園して1年間は発熱や感染性胃腸炎などの感染症をはじめとした体調不良で保護者に連絡する機会は多いでしょう。その時には子どもへの適切な対処とともに、就労している保護者の安心と信頼が得られるような保護者対応を心掛けます。

　体調が良くない時は、登園時から保護者も気にしていることでしょう。そのような時は、お迎えをお願いする前段階として、食欲、元気さなど、子どもの様子をお昼休みなどのタイミングで連絡することで保護者は安心し、またお迎えに対する心づもりもできます。

　お迎えはできれば、病院で受診できる時間内に来ていただくようにし、子どもの状態を丁寧に説明するとともに必要に応じて症状への対処について助言します。

　発熱であれば平熱＋1度程度であるとか、お迎えの基準について入園時やふだんの保健だよりなどで伝えておくことが大切です。

　その日、初めてのおう吐と下痢が見られた場合、その時の園児の状況と園の手当てと経過を電話で知らせておくと保護者も安心できます。特に感染性胃腸炎が流行している時期には、今後発熱などの症状が出てくることもあることを伝えておきます。単にお迎えを要請するのではなく、「今はまだ大丈夫ですが、状態が変化するようでしたら報告しますね」というような、継続的で冷静な報告をすることが大切です。

給食は食べたのですが少しだるそうです

お迎えになるかも…

執筆／梶 美保（ゆめがおか助産院）

Q 子ども同士のけんかでけがをした時に 保護者にどう伝えたらいいでしょうか？

歩行が安定せず、自分の思いを言葉で伝えられない乳児の場合には、転倒や子ども同士のトラブルによるかみつきやけがが起こることが多くなります。けんかは子どもが社会生活を学ぶ大切なプロセスでもあるのですが、園ではけがを予防するための保育の工夫が必要です。

A1 **かみつきが起こってしまった場合** かまれた子の対処とともにかみついた子への寄り添いを

ほんの少し目を離した隙に起こってしまうかみつきは、言葉の出る前の時期によく見られます。かみ痕は流水で洗い、必要に応じて冷やします。かまれた子に意識が行きがちですが、かんだ子の方にもなぜかみついたのかなど、心を寄せて平等に子どもの話を聞くことが大切です。かみつかれた子の保護者には、かみついた子の個人情報には触れず保育中の見守り不足として丁寧に謝罪します。

保育のポイントとしては、保育のスペースを広くとること、気になる二人ペアの場合、必要に応じて離すなどの対応をします。保育士が立ち歩く動きを少なくし、座り、子どもと目線を同じにして、くつろぐことのできる、ゆったりとした空間づくりが大切です。

おもちゃ貸してほしかったの？

A2 子ども同士のけんかで けがをさせてしまった場合の保護者対応

子どもの集団生活の場なので、けんかが起こるのは必然でしょう。しかし、けがにつながる可能性のあるけんかについては、速やかに介入する必要があります。保護者には、お迎えの時にその場にいた保育者が対応するほうが望ましいでしょう。まず、けがをさせてしまったことの謝罪をし、「おもちゃの取り合いになり突き飛ばされて転び、膝を擦りむいた」など、けんかの経緯を具体的に説明し、その後の子どもの様子や保育者の関わりを丁寧に説明します。保護者の視点に立ち、相手に寄り添って丁寧に関わるようにします。

Q 0歳児には、どのようなおもちゃを選べばいいでしょうか?

A 同じボールでも、大きさや肌触りが違うものを用意しましょう

ヒトは生まれた時から五感(「触覚」「視覚」「聴覚」「味覚」「嗅覚」)がありますが、どの感覚も未熟な状態にあります。五感は外部からの刺激によって発達していきますので、0歳児の頃は様々な感覚に対して刺激を受けることのできる環境づくりが大切です。おもちゃも、五感を刺激するという視点で選んでみると良いでしょう。たとえばボールですが、0歳児はボールをなめることから始まり、つかむ、投げる、転がす、落とすなど、様々な動きや遊びを楽しみます。そのため、初めは布製やポリウレタン素材を選ぶと良いでしょう。これらの素材は柔らかく、口に入れても安全です。また、

つかみやすく、転がしたり、落としたり、投げたり、つぶしたりなどの様々な動きが可能な素材です。更に0歳児にとってのボール遊びは、運動機能の発達を促すだけでなく、感覚を刺激することのできる遊びであることを認識しましょう。大きさや肌触りの違うボールを用意することで、素材の違いを知り、大きさや硬さ、重さの違いで転がり方が変化することを知ります。また音が出るボールの場合には、落とす強さや高さで音の違いを知ることができます。このように様々な素材や大きさのボールを選ぶことで、多くの五感を刺激することができるのです。

執筆／細井 香（東京家政大学）

Q 0歳児のおもちゃは、既成のおもちゃだけではだめですか？

A 手作りおもちゃの大切さについて考えてみましょう

　0歳児は、月齢によって発達の差が大きく、月齢でできることが変わっていきます。たとえば手でおもちゃをつかむ、たたく、指でボタンを押す、人さし指と親指でつまむなど、それに伴い遊び方を覚えたり、工夫したりなど考える力も養われます。この時期は、発達の度合いに比べて難し過ぎても、単純過ぎてもすぐに飽きてしまうため、「できてうれしい」「遊んで楽しい」などの経験ができる発達に合ったおもちゃを選ぶことが大切です。既成のおもちゃがだめというわけではありませんが、発達の差が大きく、月齢ごとにできることが変化し増えていくこ

の時期には、身近な素材で作れる、手作りおもちゃがおすすめです。身近な素材で作るため費用も安価で、量産することができ、壊れてもすぐに直せるという良さがあります。また月齢ごとに、発達に合わせたおもちゃを作ることもできます。0歳児の手作りおもちゃのねらいは、「指先の感覚や五感を刺激するもの」「身近な素材に興味をもてるもの」「身体を動かす楽しみを味わえるもの」をポイントに作ると良いでしょう。作る際には安全な材料で耐久性を高めるように作るなど、安全性を考えましょう。

空き容器を使ったマラカス

テープの芯を使った音の鳴る転がるおもちゃ

お人形の布団

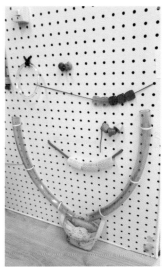

巧緻性（ひも通しなど）手作りボード

Q 月齢の異なる子どもたちが 一緒に過ごす保育室は どんな工夫をしたらいいですか?

A 一人ひとりの「今」と「これから」に応じた 遊びスペースを考えましょう

　まだ歩けない子から、一人で移動できる子まで、発達の幅が広いことが0歳児クラスの特徴です。特にハイハイが始まると、子どもの行動範囲や視界が広がって自分から生活空間を拡大していきます。「あれは何?」「触りたい」といった気持ちは、体が動きだすエネルギー源です。平面だけでなく、月齢や育ちに応じていろいろな角度のついたスロープなど、挑戦する場も魅力的な空間です。ハイハイといってもその様子は十人十色。なかなか前に進めない子、どんどん勢い良く動き回る子など、満足する環境も異なります。ということは、次に必要となる環境もそれぞれ異なるということ。またゆったりと過ごしたい子どもと、動き回りたい子どものスペースを保育室の中で大まかにエリア分けすると、それぞれの子どものペースで遊ぶことができます。そして日々変わっていく子どもの姿を丁寧に見ながら、保育室のスペースを変化させていきましょう。また、保育室の床や天井、空間構成も保育室の大事な環境です。寝転んだ姿勢ではどのような景色が見えているのか、つかまり立ちを誘うような壁面はどのような工夫が必要かなど、実際に子どもの目線で確認してみましょう。更に窓から差し込む陽の光やカーテンを揺らす風、季節の草花といった、日常の中で感じられる何げない自然も遊び環境の一つとして取り入れたいですね。

執筆／野尻裕子（道灌山学園保育福祉専門学校）

Q 室内遊びの時間が多くなる中、何を用意すればいいのでしょうか?

A 遊ぶための環境で大切なことは、ものと十分に関われること

　0歳児にはたくさんの感触を味わってほしいもの。月齢が進むにつれて、用意しておきたいものの種類も増えていきます。お座りができるようになったら両手でつかんだり、投げたりできるもの、伝い歩きができるようになったら押して遊べるものというように、段階を捉えていろいろな動きができるものをそろえましょう。ものの動きや感触、音など、子どもが興味をもってじっくりと関わったり、動きを誘い出したりするようなものをそろえて環境をつくってみてください。既成のおもちゃに限らず、ざるやフライ返し、泡立て器などの生活用品や、いろいろな空き容器、布類、段ボール箱など、子どもが大好きなものは身近にあふれています。たくさんのものを触ったり扱ったりする中で、重さや質感、音などを全身で感じ、自分でできることをうれしいと感じ始めるのです。ただし、このように子どもの興味が周囲のあらゆるものに向けられているということは、危険なものが子どもの手の届くところに置かれていないか常に注意する必要があるということです。そして子どもがものと関わる様子を見ながら、必要に応じてものを追加したり、入れ替えたりしながら、どのように関わっているのかを、しっかりと見届けることも大切です。また、これらのものを介して、「はい、どうぞ」などのやりとりにつなげる中で、徐々に他の子どもとの関わりが生まれるような橋渡しを心掛けましょう。

**絵本の読み方は
どのようにするといいですか?**

A 子どもと一緒に楽しみながら
読みましょう

　乳児期では、集団の前で読み聞かせるのではなく、基本は膝に抱き、一対一で読みましょう。「おもしろそう」と寄って来る子どもがいたらそばで一緒に読みます。大人の膝に抱かれて絵本を見る心地良さ、ぬくもりは安心感を与え、「一緒にいたい」という気持ちになり、繰り返し読んでもらいたくなります。

　絵本を読む際には、大人の柔らかく響く声で語り掛けるように、子どものペースに合わせて、心を込めて読みます。読んでいる途中、子どもがページをまとめてめくった場合「今度は○○だね」と話し掛けて、前に戻らずそのまま読み進めたり、行ったり来たりしながら状況に合わせて読みます。時間に余裕をもって、絵本の内容や興味のあることなど、子どもの反応を見ながら読みましょう。

　子どもが絵をじっくり見たり、五感を通して感じながら絵本を見聞きできることが大切です。「あっ」「あーあー」などの指さしや声に応答的に関わったり、絵本の中の言葉や表現をまねて遊んでみたり子どもと一緒に楽しみながら読みましょう。やりとりを楽しめるひとときになります。大人自身が自分の好きな絵本を、自ら楽しんで読むことが大切です。

執筆／本田由衣（武蔵野短期大学）

Q 採り上げる絵本は どのような絵本がいいですか?

A 子どもの発達に配慮しながら、 興味や関心のある絵本を採り上げましょう

以下のような特徴のある絵本が子どもの興味や関心につながるでしょう。

1 言葉のリズムがおもしろく、繰り返されるフレーズがある絵本
2 破裂音やオノマトペの言葉が多い絵本
3 色彩や形がシンプルで分かりやすく、 はっきりとしたデザインの絵本
4 身近なもの（食べ物、動物、乗り物 など）や遊びなどが 掲載されている絵本
5 身近な大人とやりとりが楽しめる絵本

この他に布絵本や身近な人の顔の写真絵本など手作り絵本も楽しめます。

デジタル絵本は音や動きがあり、場所をとらず外出時などには便利ですが、乳児期にこそ紙媒体の絵本が大切です。絵本は部屋に置いてあることが多く、いつでも読みたい時にすぐ手に取ることができます。紙に触れて手でページをめくる動作や大人と子どもの双方の声など、生のやりとりを楽しみましょう。

おすすめの絵本

『あっぷっぷ』
中川ひろたか／文
村上康成／絵
ひかりのくに 刊

『ぽんぽんポコポコ』
長谷川義史／作絵
金の星社 刊

『がたんごとん がたんごとん』
安西水丸／作
福音館書店 刊

『じゃあじゃあびりびり』
まついのりこ／作
偕成社 刊

『かおかおどんなかお』
柳原良平／作
こぐま社 刊

Q 7か月になる子ですが、寝返りやハイハイが少し遅いように感じます

A どの子もその時の発達に合った、大好きな遊びをいっぱいすることが一番です

　0歳児は、少しの月齢の違いで行動範囲が変わり、必要とする環境も変わっていきます。また環境によって成長や発達が影響を受けます。発達には個人差がありますが、遅いと感じることが、環境面の要因かその子の発達的な問題なのか見極めていく必要があります。環境要因なら家庭環境を含めてチェックしてみましょう。いずれにしても発達状況を細かく知り、次に必要とされる力を遊びの中で楽しく獲得していくことが重要です。

　ハイハイがたくさんできるように、玩具を少し遠くに置いたり、巧技台の斜面のような角度のあるものを登る時に少しずつ傾斜を強くしたりするなど、遊びの中で挑戦ができるように工夫していきましょう。焦る必要はありません。頭と体を使い、集中して遊ぶことが子どもの成長を促します。

こっちだよー

執筆／浅川茂実（群馬医療福祉大学）

Q 10か月になる子ですが、つかまり立ちが始まりました。少し早いような気がします

A 今、必要な遊びをいっぱいしましょう

　赤ちゃんは、つかまり立ちを覚えたら「早く立ちたい、歩きたい」と考えているのでしょうか。一人で立とう、歩こうとする姿が見られます。しかし、ハイハイや高ばいをいっぱいした赤ちゃんは、その後の運動発達も順調に進むといわれています。たった数か月のハイハイは腕や足腰を鍛え、次の発達の準備のための大切な時間です。少し待ってもらいましょう。そのためには、なるべく保育室を広く、つかまり立ちしそうなパーテーションやベッド、机は片付けましょう。食事以外は、保育者がいれば乳児期には必要ないものばかりです。そしてつかまり立ちを忘れるぐらい、体を使って遊ぶ時間をたくさんつくりましょう。

　「少し遠いけど大好きな玩具までハイハイで行こう！」「お山のてっぺんまで競争だ！」「水遊びは最高だね！」「転がるボールを先生と追いかけっこしよう！」追いかけっこのまま芝生の庭にお出かけできたらもっとすてきですね。

いくよ〜

まてまて〜

Q ポートフォリオやドキュメンテーションを作成していますが、日々の子どもの記録の活用方法が分かりません

A 保育者や保護者に拓（ひら）かれた記録になるように工夫を

観察を通した子どもの育ちの記録は文字記録だけでなく、写真や動画、子どもの製作物なども含まれます。備忘録としての記録ではなく、振り返りのための記録になるためには共有が重要です。子どもの育ちの記録を一部の保育者のみで閉じてしまわずに、拓かれた記録になるように見直してみましょう。

職員間の話し合いや園内研修に活用したり、家庭に戻して家庭から育ちのコメントをいただいたりすることで、子どもの姿が多面的・立体的に見えてきます。保育者の記録が拓かれた記録となり、様々な子どもの育ちの側面を捉えること（アセスメ

ント）につながります。自身が気付かなかった子どもの育ちに気付くこともできるでしょう。

たとえば、方法の一つにポートフォリオアセスメントがあります。時系列の成長発達、学びの姿、資質能力として捉えた観察や写真などを集め、保育者同士の話し合いや家庭の様子を含めて育ちの軌跡を捉え直すことです。このプロセスを通して作成された子どもの記録は、単に経験の記録ではなく、子ども理解に基づいた根拠となります。日々の記録を保育者間・家庭・園外に拓いていくために、できることの話し合いから始めてみましょう。

執筆／矢野景子（十文字学園女子大学）

Q 家庭と共有する連絡帳をよりよく 活用するにはどうしたらいいですか？

A 連絡帳の役割と目的を見直してみましょう

　3歳未満児の生活の質（QOL）を保障するためには、園と家庭との生活の連続性についての細やかな情報共有が大切になります。特に、食事（量・質・種類・段階）、排せつの回数や様子、遊びの姿、そのほか生活の様子について、家庭と園の両方に必要な情報が往還され、負担なく積み重なることが大切です。

　また、園と保護者の両者でつづる子どもの記録となり、情報共有のツールとしてだけでなく、子どもの成長がつづられるコミュニケーションツールでもあるのです。更に、園と家庭の協働でつづられた連絡帳は、保護者の手元に残る子育ての記録にもなります。

　一方向の連絡事項を伝えるツールではなく、子ど

もの育ちの記録であり、成長の軌跡が分かるものになっているかどうか、保育者の振り返り（育ちの根拠）として活用できているか、内容が園と家庭の両者にとって、成長への共有と喜びの共感につながるものになっているかも見直すポイントです。

　拓かれた記録を活用し、子どもの遊びの姿をポートフォリオやドキュメンテーションで家庭に共有する方法もあります。日々の育ちの記録（連絡帳やそのほかの記録）について、「生活のリズムや体調、成長の軌跡から保護者が我が子の成長に気付く役割」と「自身の子どもだけでなく、子どもたちの中で育つ姿から我が子の成長に気付く役割」の視点から活用の目的を見直してみましょう。

Q 子どもが担当以外の保育者に関わりたがらないことが起きないのでしょうか?

A1 担当制保育(育児担当制)をなぜ取り入れるのかについて押さえましょう

担当制保育は、同じ保育者が関わることで、個人差が大きい一人ひとりの子どもの欲求にタイミング良く応えられ、愛着関係を築きやすいメリットがあります。人見知りは特定の大人への愛着関係が強いということです。いつも頼れる人がそばにいてくれる安心、自分の要求を受け止めてくれる心地良さは、子どもの自己表出を促し、人と一緒にいる喜びになります。特に、家庭から保育施設へと環境が変わる入園当初は、同じ保育者が子どもを受け入れ、安心できる心の居場所になることが大切になってきます。

A2 子どもの発達により担当制の必要度は変化していきます

安心できる環境の中で、徐々に子どもの行動範囲が広がり、様々なことへの関心が高まっていきます。遊びの場面などでは、複数の保育者が見守ったり、援助したりすることが必要になります。愛着関係を結んだ大人の存在をよりどころとして、自分の要求が分かってくれるという、子どもにとって安心できる保育者を増やしていくことも必要になってくるでしょう。

このように、子どもの発達により担当制の必要度は変化していきます。今の子どもの様子やクラスの状況に合わせて、柔軟に対応することが大切です。

執筆／八代陽子（和泉短期大学）

Q 担当制を取り入れているのですが自分の担当以外の子どもの様子が分かりません

A₁ 緩やかな担当制保育を意識しましょう

担当制保育は、保育者が担当以外の子どもと関わらないということではありません。本来、担任はクラスの全ての子どもに関心を向けていく必要があります。また、担当制とはいえ、一日中一人で担当の子どもを全て見ていくことは困難ですし、保育者を固定すると、その保育者の見方に偏ってしまう可能性もあります。安心して心地良く過ごせることを柱としながら、遊びの場面では、複数の保育者が見守ったり、援助したり、おむつ交換や着替えや食事などを特定の保育者が担当したり、また、担当保育者のほかに副担当を決めたり、少人数の子どもを複数の保育者が担当したりするなど、子どもの状況に合わせて工夫していく必要があります。

A₂ 子どもの状況を共有していきましょう

保育者同士が、常に子どもの様子をきめ細かく伝え合うことが大切です。一日の保育を振り返る時間をともにすることで、子どもの様子が分かっていきます。ミーティングをはじめ、子どもの場面に居合わせた保育者同士で立ち話をすることでも、子どもの様子が分かります。記録に目を通しやすいように工夫したり、引き継ぎのマニュアルを作ったりなど、園の実態に即して工夫をしていくことが大切です。アレルギーなどの慢性疾患のある子どもにおいては、保育者だけでなく、栄養士や看護師とも情報を共有していくことが必要になります。

関わりが増えてきましたね

Q 保育者同士で保育や子どものことを共有する工夫はありますか?

A 子どもの姿を「ひと言」共有する習慣を!

保育の方向性を共有するために、子どもの良さや保育の楽しさに焦点を当て、伝え合う習慣をつけましょう。その積み重ねが実践の記録となり、保育の見通し(計画)につながっていきます。そこから援助のポイントや環境構成、再構成へのヒントが見えてくるでしょう。「ひと言」を様々な方法で可視化することで、多面的に保育を共有できるようにすることが大切です。

❶「ひと言」ミーテイング

子どもの「楽しんでいた」「興味や関心をもっていた」姿を伝え合い、保育のおもしろさを短い時間で共有することから始めてみましょう。同僚と顔を合わせた時に子どものことをひと言、伝え合いましょう。

❷「ひと言」メモ

付箋などを利用して、ひと言メモを共有の場所に貼り付けておきましょう。子どもの姿や明日の保育の提案など、メモを活用して振り返りにつなげることができます。

❸「ひと言」画像

撮った写真の1シーンを共有し、各々のタイミングで見ることができると良いでしょう。更に子どもの様子、子どもの言葉をひと言付け加えることで子ども理解が共有されます。

執筆／山梨有子（彰栄保育福祉専門学校）

 # 保育の中での他職種との連携で大切にすることはありますか？

 ## 「連携」とは「頼り合える関係づくり」

著しい成長を見せる乳児期の保育は、複数の保育者の連携で子どもの安心と安全の場をつくっていきます。また、様々な専門性をもつ看護師、栄養士、調理師、事務員、用務員などと、それぞれの職員の強みを活かし、子どもを園全体で育てていく意識が大切になります。

❶「ほう・れん・そう」の往還

報告・連絡・相談の中でも、相談し合える関係づくりが大切です。相談してアドバイスをもらったら、結果を報告する習慣をつけていくことで関係性がつくられていきます。

❷「お願い」「ありがとう」の頼り合える関係

互いの専門性を尊重し合い、依頼し合える関係から信頼し合える関係となり、頼り合える関係づくりを目指しましょう。

❸ 保育はいいところ探し

保育は、子どものいいところ探しから始まります。そのまなざしを同僚にも向け、強み（専門的な実践知）を活かし、チーム保育を目指していきましょう。

Check! # 育ちつつある姿を捉えた 記録を書くために

序章の「見える化のポイント①〜④（P.16-17）」や「子どもの育ちを捉えるポイント①〜⑤（P.18-19）」にある、「何を」「どのように記録するのか」を押さえながら、具体的に記録を書く視点をつかんでいきましょう。

観察の ポイント

子どもの以下のような姿に注目しましょう。

- 何に興味をもっているのか
- 誰に興味をもっているのか
- 何に気付き、繰り返し試そうとしているのか
- どのような表情をしているのか
- 何が育ちつつあるのか
- 保育者と、どのように関わっているのか

記述の ポイント

具体的に記述するようにしましょう。

例

おもちゃで 遊んでいる

↓

- そのおもちゃは何？
- どのように遊んでいる？
- 表情は？
- 何度も繰り返している？

例

友達を じっと見ている

↓

- 友達は何をしている？
- 興味の対象は何？ 友達？ もの？
- 保育者はどう関わった？
- 子どもたちはどう反応した？

「保育所保育指針第2章の1の(2)ねらい及び内容」を確認しながら、
「3つの視点」で捉えた記録を考えていきましょう。

健やかに伸び伸びと育つ

健康な心と体を育て、自ら健康で安全な生活をつくり出す力の基盤を培う

ねらい ❶ 身体感覚が育ち、快適な環境に心地よさを感じる
❷ 伸び伸びと体を動かし、はう、歩くなどの運動をしようとする
❸ 食事、睡眠等の生活のリズムの感覚が芽生える

文例 ● つかまり立ちができつつある。
低い棚につかまって立ち上がろうとする動きを、何度も繰り返している。
● 食事の時に柔らかく煮たスティック状のニンジンをテーブルに置くと、手を伸ばし、
しっかりとつかむ。

身近な人と気持ちが通じ合う

受容的・応答的な関わりの下で、何かを伝えようとする意欲や身近な大人との信頼関係を育て、
人と関わる力の基盤を培う

ねらい ❶ 安心できる関係の下で、身近な人と共に過ごす喜びを感じる
❷ 体の動きや表情、発声等により、保育士等と気持ちを通わせようとする
❸ 身近な人と親しみ、関わりを深め、愛情や信頼関係が芽生える

文例 ● 天井からつるしたモビールをじっと見ていた。
「クルクルきれいね」と声をかけながら抱き上げると、うれしそうに笑っている。

身近なものと関わり感性が育つ

身近な環境に興味や好奇心をもって関わり、感じたことや考えたことを表現する力の基盤を培う

ねらい ❶ 身の回りのものに親しみ、様々なものに興味や関心をもつ
❷ 見る、触れる、探索するなど、身近な環境に自ら関わろうとする
❸ 身体の諸感覚による認識が豊かになり、表情や手足、体の動き等で表現する

文例 ● 散歩車に乗って出かけ、シダレザクラのそばに止めると、
目の前の枝に手を伸ばしてふれる様子が見られた。
● おもちゃ棚にあるカップを手に取り、たたいたり転がしたりして、動きや音を楽しんでいる。

この写真の子どもの姿を
「健やかに伸び伸びと育つ」視点で
考えてみましょう。

P.53 参照

この写真の子どもの姿を
「身近な人と気持ちが通じ合う」視点で
考えてみましょう。

P.77 参照

この写真の子どもの姿を
「身近なものと関わり感性が育つ」視点で
考えてみましょう。

P.61　参照

この写真の子どもの姿を
3つ視点をふまえて考えてみましょう。

P.67　参照

● 監修者
無藤 隆　　白梅学園大学

● 編著者
宮里 暁美　　お茶の水女子大学
大方 美香　　大阪総合保育大学

● 執筆者
上垣内 伸子　　十文字学園女子大学
寺田 清美　　東京成徳短期大学
石丸 るみ　　大阪総合保育大学

梶 美保　　ゆめがおか助産院
細井 香　　東京家政大学
野尻 裕子　　道灌山学園保育福祉専門学校
本田 由衣　　武蔵野短期大学
浅川 茂実　　群馬医療福祉大学
矢野 景子　　十文字学園女子大学
八代 陽子　　和泉短期大学
山梨 有子　　彰栄保育福祉専門学校

※所属は2023年7月時点のものです。

写真・協力
文京区立お茶の水女子大学こども園

STAFF
本文デザイン／tabby design
本文イラスト／ホリナルミ
校正／文字工房燦光
編集／串部孝治、松尾実可子、北山文雄

今、この子は何を感じている？
0歳児の育ちを支える視点

2023年7月　初版発行
2024年3月　第2版発行

監修者　無藤 隆
編著者　宮里暁美・大方美香
発行人　岡本 功
発行所　ひかりのくに株式会社

〒543-0001 大阪市天王寺区上本町3-2-14
郵便振替 00920-2-118855　TEL.06-6768-1155
〒175-0082 東京都板橋区高島平6-1-1
郵便振替 00150-0-30666　TEL.03-3979-3112
ホームページアドレス　https://www.hikarinokuni.co.jp

印刷所　大日本印刷株式会社

©Akemi Miyasato,Mika Oogata 2023
乱丁、落丁はお取り替えいたします。

Printed in Japan
ISBN 978-4-564-60960-2
NDC376　120p　21×19cm